자신을 죽이지 말고
무기로 삼아라

DISCOVER WHAT YOU DO BEST

자신을
죽이지
말고

결과를 내는 사람들은 어떻게
인생에 맞설까?

무기로
삼아라

약점 많은 인생이라고 기죽지 마라.

세토 카즈노부 지음 신찬 옮김

홍익출판 미디어그룹

제3장   그들은 결코 천재가 아니었다

결과를 내는 사람들이 일하는 방식

거두절미하고, 이 책의 결론부터 말하겠다. 지금보다 더 풍요롭고 충실한 인생을 보내고 싶은가? 스스로 빛나는 삶을 살고 싶은가? 그렇다면 자기의 약점을 극복하기 위해 노력하지 말고 자신의 강점을 먼저 살려라.

약점을 이겨내기 위해 탕진하는 시간 동안 과연 얼마나 의욕과 보람을 느낄 수 있을까? 부족한 점을 개선하는 과정이 오히려 당신을 힘 빠지게 하고 성취 욕구를 가로막는다고 생각한 적은 없는가?

조금은 냉정하게 들릴지 모르지만 약점을 개선하는 일은 아무리 마음먹고 노력해도 애쓴 만큼 성과가 나타나지 않는다. 다시 말해서 매우 비효율적이라는 얘기다.

이런 이유로 인생을 뚫고 나가는 무기로 삼을 수 있는 자기만의 잠재 능력을 키우는 데 시간과 노력을 쏟아야 한다. 모든 방면의 실력을 남들만큼의 수준으로 키울 필요가 있을까? 사람은 서로 다르고, 누구에게나 강점이 있다. 그런 의미에서 약점은 과감히 버리고 강점은 더욱더 발전시키는 결단이 필요하다. 다시 말해서 선택과 집중을 하라는 것이다.

이 책은 그 방법을 설명하고 있다. 나는 지금까지 회사를 일곱 번 옮겼다. 시작은 일본 기업이었지만 이후 글로벌 IT기업 에이서Acer와 마이크로소프트Microsoft, 피트니스 용품 제작판매회사 핏빗Fitbit을 거쳐 현재의 미국 오디오 제조사 소노스 재팬Sonos Japan에 이르기까지 모두 외국계 기업이다.

이런 회사들은 전 세계를 시장으로 삼고 있는 글로벌 기업이어서, 나는 자라온 환경도 다르고 문화도 국적도 다양한 사람들과 함께 일하는 매우 뜻깊은 경험을 할 수 있었다. 무엇보다 세계의 리더들이 활동하는 모습을 가까이에서 볼 수 있다는 것 자체가 큰 자산이 되었다.

그러던 어느 날 나는 문득 깨달았다. 유능한 리더들은 모두가 자신의 강점과 약점을 정확히 파악하고 있었다. 그들은 자신의 강점이 무엇인지, 강점을 어떻게 활용해야 성공할 수 있는지, 그리고 자신의 약점을 보완하기 위해 누구로부터 어떤 도움을 받아야 하는지를 정확히 알고 있었다. 말 그대로 삶을 위한 자신의 무기와 그것을 사용하는 법을 꿰뚫고 있는 셈이다.

그들은 자신이 못하는 일에 대해서는 극복하는 게 아니라 보완하거나 타인의 도움을 받는다는 발상을 했다. 혼자가 아니라 누군가와의 협력이 기본 전제인 것이다.

성공을 향한 길은 자신의 무기를 최대한 투여하고, 여기에 남들의 무기까지 지원받으면서 함께 구축해 나가는 과정일 것이다. 그들은 만약 나에게 무기가 없으면 자신의 강점을 찾아주고, 나눠주는 수고도 마다하지 않는다. 이것이 바로 어떤 상황에서든 결과를 만들어내는 사람들이 일하는 방식이다.

내가 다양성을 포용하는 환경에서 깨달은 것이 있다. 그것은 바로 '일본인들은 왜 못하는 일에 집착할까?'라는 물음이다. 일본인은 어려서부터 자신의 약점은 반드시 극복해야 하는 것으로 교육받는다.

그래서 부족한 부분을 보충하는 일에 도전하는 걸 미덕으로 삼고, 여기에 근성을 연결 지어 미화한다. 근성이란 뿌리가 깊게 박혀 고치기 힘든 성질을 말한다. 그런데 이런 성질까지 동원해서 자신의 약점을 고치는 데 투여한다는 것이다.

이런 분위기 속에서 자란 어른은 자신의 약점을 모른 체하기가 대단히 힘들다. 자신의 약점을 치명적인 것으로 여기고 어떻게든 보충하려고 악착같이 노력한다. 그러나 그 결과는 대개 기대 이하의 성적표만 받을 뿐이다.

무엇보다 자신이 타고난 강점을 자각하는 일이 먼저다. 사람에 따라서는 특별한 훈련이 필요하겠지만 평소에 의식적으로 약점보다는 강점을 우선시하는 습관을 기르기 위해 노력하자.

자기 자신에 대해 얼마나 알고 있는가?

나는 2016년에 웹미디어 〈뉴스픽스NewsPicks〉에 쓴 글을 바탕으로 《크리에이티브 사고를 방해하는 것들クリエイティブ思考の邪魔リスト》이라는 책을 냈다. 이를 계기로 20~30대 독자들로부터 고민 상담을 받는 일이 잦았는데, 그들 대다수가 앞으로의 커리어나 삶에 대해 혼란을 느끼고 있다는 걸 알게 되었다.

그들은 특히 그 책에서 내가 말한 '약점을 극복하려고 애쓰지 말라'는 메시지에 주목했는데, 책의 내용은 다음과 같다.

"창조적인 사고는 자신이 잘하는 분야에서 나온다. 그렇기 때문에 약점을 극복하는 데 시간을 쏟기보다는 강점을 발전시키는 데 시간을 투자하는 게 좋다."

그 책은 250페이지에 달하지만 해당 내용은 10여 페이지에 불과하다. 그럼에도 독자들로부터 이 부분에 대해 많은 질문을 받았고, 이것을 테마로 세미나를 열어달라는 요청까지 받을 정도였다.

"결점이 너무 신경 쓰여요. 극복하려고 애쓰지만 여전히 갈 길이 멀다고 생각해요."

"다른 사람들에 비해 강점으로 내세울 게 없어요."

"어떤 직업이 맞을지 모르겠어요. 특별히 잘하는 일도 없고 하고 싶은 일도 없어요."

이런 말을 들을 때마다 오늘을 사는 젊은이들이 '커리어 미아迷兒'가 되는 건 아닌지 걱정스럽다. 우리는 평생 일하는 삶을 살아야 한다. 먹고살기 위해 무작정 일하는 게 아니라 자기가 잘하는 일에 투신해서 최선을 다하고 보람을 느끼는 삶이어야 한다. 그런 뜻에서 커리어 미아는 곧 인생의 미아라 해도 과언이 아닐 것이다.

주변을 돌아보라. 자신의 커리어를 살리지 못하고 자신에게 맞지도 않는 직업을 선택해 평생을 근근이 살아가는 사람이 얼마나 많은가? 나는 당신이 그런 사람이 되지 않기를 바란다.

생각해보면 나도 10대, 20대 때는 '내가 아닌 누군가'를 꿈

꾸면서 무던히도 애를 쓰며 살았다. 부모님이 원해서 그랬고, 상사나 부하직원의 기대에 부응하느라 그랬다. 그리고 동경하는 사람을 닮고 싶은 마음 때문에도 그랬다.

하지만 그러는 동안 정작 내가 길을 잃었다는 사실을 알지 못했다. 요컨대 자기인식의 정확도가 그만큼 부족했던 것이다. 자기인식이란 자신이 어떤 사람인지 아는 것을 말한다. 바꿔 말하면 어떤 과제를 수행할 때 명확한 전략이 있는가, 그일을 처리하면서 자신에게 맞는 무기가 있는가, 남들과는 다른 자신만의 강점이 있는가 등에 대한 물음에 '예'라고 답할 수 있어야 하는데 나는 그런 기준에 한참 못 미쳤던 것이다.

분명히 말하지만, 내가 어떤 사람인지 정확하게 알고 있는 인식이 결여되면 주위의 분위기에 휩쓸려서 남이 바라거나 동경하는 사람이 되려고 애를 쓰게 되고, 본래의 내가 아닌 다른 인물을 연기하며 살게 된다.

이런 삶이 과연 진정한 내 것일 수 있을까? 그것은 한 마디로 말해서 살아 있음을 실감할 수 없는 인생이다. 그런 삶은 남의 칭찬이나 기대에 기분이 좌우되고, 몸도 마음도 본래의 자신을 잃은 채 살아가는 허수아비 같은 인생이다.

나는 자기인식의 정확도가 낮다는 이유로 고민하는 사람

이 많다는 사실을 알고, 우선 직장에서 자기인식의 정확도가 높은 조직을 만들기로 결심했다. 그리고 자기 자신은 모르는 잠재된 재능을 발굴해서 그들만의 무기로 발전시키는 방법을 찾아주기 위해 노력해왔다.

나는 2017년에 인간이 가지고 있는 강점의 근간이 되는 재능을 파악하기 위한 진단 툴인 〈클리프턴 스트렝스 테스트®*〉를 개발한 미국 갤럽Gallup 인증의 스트렝스 코치Strengths Coach 자격을 취득했다.

〈클리프턴 스트렝스 테스트®〉는 리더십 컨설팅 부문의 세계적인 권위자 톰 래스Tom Rath의 베스트셀러 《스트렝스 파인더 2.0Strengths Finder 2.0》을 통해 널리 알려져 있는데, 미국에서는 상위 500개 기업의 90%가 이 시스템을 적극적으로 채용하고 있고 2020년 10월 기준 세계에서 2,400만 명이 넘는 사람이 이 툴을 활용하고 있다.

이 툴을 처음 개발한 도널드 클리프턴Donald Clifton은 인재개발 연구에 심혈을 기울여 미국 심리학회로부터 대통령 표

---

* Clifton Strengths Test® (https://www.gallup.com/cliftonstrengths/en/home.aspx) 오른쪽 상단의 언어 선택에서 한국어로 변환 후 가입하면 한글로 테스트가 가능하다.

창을 수상한 바 있다. 인터넷상에서 177개 질문에 답하는 방식으로 이루어진 클리프턴 스트렝스®는 총 34개에 달하는 자질 중에서 본인에게 해당되는 것을 랭킹 형식으로 알려줘서 사람들이 스스로 자신의 강점을 발견할 수 있도록 돕는다.

당신이 미처 깨닫지 못한 재능 찾기

나는 자격을 취득한 후 현재 대표이사로 있는 소노스 재팬의 조직 운영에 나름의 방식으로 활용했는데 만족할 만한 성과를 올릴 수 있었다. 각 팀에 맞춰 실천을 반복할수록 강점이 분명해졌고, 팀이 안고 있는 문제나 불만을 해소할 수도 있었다.

예를 들어 나는 어떤 상황에서든 긍정적인 성격이 강점 중 하나라고 생각하는데, 그래서 나뿐만 아니라 주위 사람에게도 긍정적인 에너지를 전파하고 싶어 평소에 칭찬과 격려를 아끼지 않는다. 또한 분위기를 밝게 만들어야 할 때, 불안해하는 사람에게 힘을 북돋아줘야 할 때, 실패를 딛고 다시 일어서야 할 때 등의 상황이 닥치면 의식적으로 나만의 강점을 발휘하기 위해 노력한다.

하는 일마다 잘 풀리지 않는 팀은 전반적으로 분위기가 험악하다. 이럴 때는 다소 경박해 보일지라도 나의 긍정 에너지가 처진 분위기를 바꾸는 원동력이 되게끔 노력한다.

또한 팀원들이 서로의 강점을 이해하고 있으면 각자의 장점을 발휘할 기회를 제공할 수 있다. 예컨대 브레인스토밍을 할 때는 평소 새로운 시각으로 신선한 아이디어를 내는 데 남다른 능력이 있는 팀원에게 의도적으로 말을 건다.

나서기를 주저하는 타입이라면 더더욱 리더나 다른 팀원이 슬쩍 떠볼 필요가 있다.

진행 중인 프로젝트가 꼬여서 멘탈이 붕괴되었다면 혼자서 전전긍긍할 게 아니라 앞으로 발생할 일을 예측하고 구체적인 방향을 제시하는 데 일가견이 있는 팀원에게 상담한다. 내게는 힘들고 시간도 많이 드는 문제라도 누군가에게는 쉬운 법이어서 간단히 해결할 수 있기 때문이다.

이처럼 팀원 개개인이 저마다 '내게는 나만의 강점이 있다', '내 강점으로 다른 사람을 도울 수 있다'고 자각한다면 팀 전체의 불안이나 문제도 쉽게 해결할 수 있다.

강점은 잠재 능력이 발전하여 형성된다. 잠재된 재능을 실천하여 습득한 지식의 조합이 강점이라는 얘기다. 따라서 당신의 무기는 앞으로도 더 진화할 가능성이 충분하다.

사람의 재능은 '음악의 작곡 능력'처럼 알기 쉬운 것부터 '사람을 끄는 매력'처럼 잘 드러나지 않는 것까지 매우 다양하다. 잘 드러나지 않는 재능은 스스로 찾아내야 한다. 드러나지 않는 잠재 능력이 있다는 사실을 모른 채 방치하는 것은 남들에게는 없는 능력을 발휘하지 못하고 썩히는 꼴이기 때문에 정말로 아깝다.

잠재 능력은 잘 키우면 약점을 개선하는 것보다 훨씬 빨리 매력적인 능력으로 발전시킬 수 있다. 그리고 언젠가는 자신만의 강점이 되고 삶의 무기가 될 것이다.

이 책은 본인이 미처 깨닫지 못한 재능을 찾아서 강점으로 키우는 데 활용하도록 돕는 게 목적이다. 자신뿐만 아니라 누군가를 위해서 강점을 발휘할 수 있다면 당신의 인생은 훨씬 더 빠르게 당신이 그리는 대로 움직일 것이다.

세토 카즈노부

제1장

세상에 강점이 없는 사람은 없다

01 열에 아홉은
자기 자신을 알지 못한다

세상 사람 95%가 착각하고 있는 일

미국 갤럽이 인증하는 스트렝스 코치® 자격을 취득했을 때 기업을 운영하는 친구에게 '코칭 한번 받아볼래?' 하며 가볍게 물었더니 '난 코칭 같은 건 필요 없어. 내 강점은 내가 제일 잘 아니까'라는 답변이 돌아왔다.

"나는 내가 제일 잘 알아."

"나이를 먹다 보면 내가 어떤 사람인지 알게 돼."

많은 사람들이 이렇게 생각한다. 하지만 착각에 불과하다.

미국의 심리학자 타샤 유리크Tasha Eurich는 자기인식에 관한 오랜 연구를 통해 다음과 같은 놀라운 통계를 제시했다.

"95%에 달하는 사람들이 자기인식이 가능하다고 생각하지만 실제로는 10~15%만이 올바르게 자기인식을 한다."

자신을 객관적으로 바라볼 수 있는 능력은 보다 충실하게 자기다운 삶을 살기 위해 반드시 갖춰야 할 요소이다. 그럼에도 열에 아홉은 자신이 어떤 사람인지 모른다는 것이다.

어른들이 흔히 빠지기 쉬운 착각으로 나이와 자기인식은 정비례한다는 믿음이 있다. 나이가 들수록 자기 자신이 누구이고 무엇을 할 수 있는지에 대한 인식이 커진다는 뜻이다.

그렇지 않다. 오히려 나이가 들수록 외부의 정보나 선택지가 많아져서 이제껏 축적해온 체험과 그것의 다양성에 눈을 뜨며 자기인식이 흔들리기 시작한다.

예를 들어 경험이 풍부한 매니저는 경험이 한참 부족한 매니저보다 리더십 능력에 대한 자기평가의 정확도가 떨어진다는 연구가 있다.

다시 말해서 경험이 많은 매니저는 자기평가에 대단히 후하다는 것이다. 직위가 높은 임원일수록 자신의 기량을 과대

평가하는 경향이 있다는 연구 보고도 있다.

이것은 결국 나이와 경험, 권력이 아무리 높아도 자기인식이 정확한 것은 아니라는 의미이다. 오히려 나이와 경험이 올바른 자기인식을 하는 데 방해가 될 수 있다는 것이다.

내가 진행하는 워크숍에 참가한 사람들의 이야기를 듣다 보면 필요 이상으로 자기평가에 박하고 자신의 약점에만 집착하는 사람이 많은 걸 발견하게 된다. 미국과 일본에서 살아본 지인이 두 나라의 교육의 차이점에 대해 이야기를 한 적이 있다.

"일본에서는 못하는 일을 최대한 노력해서 할 수 있도록 교육하는 데 비해 미국에서는 '너는 이것을 잘하니 더 노력해서 발전시켜라'는 말을 해준다."

이런 말은 일본인들은 가정에서건 교육 현장에서건 자신의 강점을 살리기보다는 약점을 극복하는 태도를 더 중시한다는 걸 말해준다. 다시 한 번 말하지만 자기에게 부족한 부분을 채우는 노력보다 자신이 가지고 있는 강점을 키우는 게 훨씬 쉽고, 효과도 크다.

세상에 남보다 뛰어나거나 유리한 부분이 없는 사람은 없다. 뭐든 한 가지 이상은 뛰어난 능력이 있게 마련이다. 그러니 지금이라도 진짜 자신을 알기 위해 노력하여 자기의 진짜 모습을 파악하고 이를 발판으로 제2의 삶을 이어나가야 한다.

 KEY POINT

필요 이상으로 자기평가에 박하고 자신의 약점에만 악착같이 집착하는 사람들이 너무도 많다. 자기 능력 이상의 것을 가지려고 노력하지 말고 자기다움을 무기로 삼아 진짜 인생을 승부하자.

02 왜 행복감도, 일에 대한 열정도 낮을까?

왜 행복하지 못할까?

지금이라도 '진짜 자신'을 알기 위해 노력해야 하는 이유에 대해 데이터를 근거로 정리한 네 가지 포인트를 설명하겠다.

1. 행복을 느끼지 못한다

유엔은 국제 행복의 날인 3월 20일에 〈세계 행복 보고서 World Happiness Report〉를 발표한다. 이 조사는 각국의 국민에게 '얼마나 행복하다고 느끼는가?'를 물어본 결과에 일인당 GDP국내총생산와 건강 및 수명, 사회적 지원, 자유도, 부패에 대한 인식 등의 요소를 더해 측정한다.

　최근 수년간의 일본의 순위 추이를 살펴보면 2015년 46위, 2016년 53위, 2017년 51위, 2018년 54위, 2019년 58위, 그리고 2020년에는 62위로 매년 순위가 거침없이 추락하고 있다.[*]

　일본인들은 건강 및 수명에서 세계 최고 수준이고, 1인당 GDP도 상당한 위치에 있어 이런 결과는 가히 충격적이다. 예일대학 심리학과 로리 산토스Laurie Santos 교수는 행복은 매우 중요한 감정이며 불행은 공중위생에 대한 위협만큼이나 위험한 것으로 인식해야 한다고 말한다.

　또한 행복은 일의 성과, 질병 회복력, 수명과 관계가 있다고 언급했다. 고도의 의료기술을 보유하고 치안도 좋으며 경제 교육 수준도 결코 낮지 않은 일본에서 행복감을 느끼지 못하는 사람들이 이렇게나 많은 이유는 무엇일까?

　2019년 일본 내각부가 발표한 〈만족도 및 생활의 질에 관

---

[*]　한국의 최근 5년간 순위 변동을 보면 2015년 47위, 2016년 58위, 2017년 56위, 2018년 57위, 2019년 54위, 2020년 61위였다.

한 조사에 따른 제1차 보고서〉에서 흥미로운 데이터를 발견했다. 주변에 의지할 수 있는 사람이 많고 자원봉사 활동이 활발할수록 만족도가 높고, 취미가 있거나 보람을 느낄수록 만족도가 높다는 결과가 나온 것이다.

내가 의지할 수 있는 사람이란, 달리 말해서 내가 못하는 일이나 약점이 무엇인지 알고 있는 사람을 말한다. 자원봉사 활동을 한다는 것은 자신의 강점을 살려 남에게 공헌한다는 뜻이고, 특별한 취미가 있거나 자기가 하는 일에 보람을 느끼는 사람은 자신이 좋아하는 일이나 관심사를 똑바로 알고 있는 사람으로 바꿔 표현할 수 있다. 이런 이유로, 일본인들이 자기 삶을 만족하고 행복하기를 원한다면 무엇보다 자기인식의 정확도를 높여야 한다는 결론에 도달한다.

2. 생산성이 낮다

일본 생산성본부가 발표한 〈노동생산성 국제 비교 2019〉에 따르면 경제협력개발기구OECD 데이터에 근거한 2018년 일본의 노동생산성은 취업자 1시간당 46.8달러로 OECD에 가맹한 36개국 중 21위이다.〈도표 1〉

1위인 아일랜드102.3달러와 비교하면 생산성이 절반에도 못 미친다. 일하는 방식을 개혁하자는 목표에 따라 생산성 향상

<도표1> OECD 가입국의 2018년 시간당 노동생산성

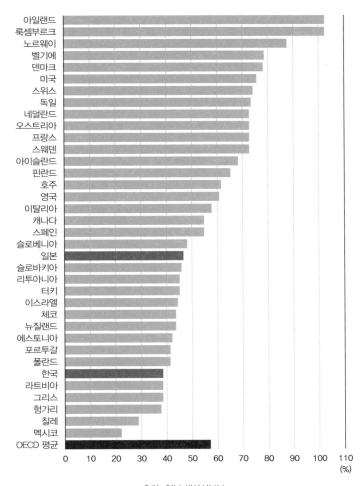

출처: 일본 생산성본부

을 위한 다양한 방법이 제안되고 있지만, 1970년 이후 일본은 선진 7개국G7에서 독보적인 최하위를 이어가고 있다. 일본의 낮은 생산성은 외국의 비즈니스맨들과 이야기할 때 자주 화제로 오를 정도다.

일본은 이미 오래전에 저출산 고령사회로 돌입했다. 2030년에는 노동 수요가 7,073만 명인 데 비해 노동 공급은 6,429만 명에 그칠 것으로 예상된다. 이처럼 노동인구 감소가 사회문제로 대두된 일본에서 억지로 시간을 들여가며 약점을 극복하고 있을 때가 아니라는 게 내 생각이다.

개개인이 강점을 최대한 발휘하면 팀과 회사 전체의 성과도 올릴 수 있다. 자기인식의 정확도가 높으면 남들과 강점의 교환이 가능하기 때문이다. 자신이 잘하는 분야로 남들에게 공헌하고, 잘 못하는 분야는 잘하는 사람에게 의지하면된다. 이것이 바로 자기인식의 최대 장점이다.

3. 일에 대한 열정이 없다

미국의 갤럽이 세계 139개국의 기업을 대상으로 실시한 〈근로자의 인게이지먼트Engagement 일에 대한 열정〉 조사에 따르면〈도표 2〉 일본은 그 비율이 겨우 6%에 지나지 않았다. 조사 대상인 139개국 중에서 132위로 최하위권이다.

<도표 2> **세계 139개국 기업 근로자의 인게이지먼트 조사**

—— 일에 대한 열정이 높다 —— 일에 대한 열정이 낮다 —— 애초에 의욕이 없다

(%)

지역	일에 대한 열정이 높다	일에 대한 열정이 낮다	애초에 의욕이 없다
전 세계	15	67	18
미국/캐나다	31	52	17
중남미	27	59	14
소련 붕괴 후 유라시아	25	61	14
동남아시아	19	70	11
사하라 이남 아프리카	17	65	18
동유럽	15	69	16
호주/뉴질랜드	14	71	15
중동/북아프리카	14	64	22
남아시아	14	65	21
남유럽	10	71	19
한국	7	67	26
동아시아	6	74	20
일본	6	71	23

출처: State of the Global Workplace 2017.GALLUP

뿐만 아니라 갤럽의 '업무에 자신의 강점을 활용하는가?' 라는 설문조사에서 인도 36%, 미국 32%, 캐나다 30%, 독일 26%, 영국 17%에 이어 일본은 15%였다. 여기서도 일본은

독일이나 미국, 캐나다 수치의 절반 수준이 지나지 않는다. 일본인의 85%가 평소 업무에서 자신의 강점을 발휘하지 못하고 있다는 얘기다.

4. 자기긍정감이 없어 희망을 느끼지 못한다

마지막으로 소개할 데이터는 일본 내각부가 발표한 2014년 판 〈아동, 청년 백서〉이다. 일본의 젊은이들이 자신을 어떻게 생각하는지, 자기긍정과 장래성 등의 관점에서 조사한 내용을 담고 있다.〈도표 3〉

'자신에게 만족하는가?'라는 물음에 '그렇다', '그런 편이다'라고 응답한 젊은이는 45.1%로 나타났다. '자신에게 장점이 있는가?'라는 물음에는 62.2%였다. 두 질문 모두 다른 나라에 비해 일본이 월등히 낮은 비율이다. 연령별로 봐도 특히 10대 후반부터 20대 초반까지는 다른 나라와의 차이가 컸다.

13세에서 29세까지의 일본 젊은이들을 대상으로 자신에 대한 이미지를 묻는 항목 중에서 '자신에게 만족한다', 또는 '자신에게 장점이 있다'고 답한 사람의 비율이 다른 나라에 비해 가장 낮았다. 그리고 '자신의 장래성'에 대해 '걱정이다'라고 답한 일본의 청년은 78.2%에 이른다.〈도표 4〉

<도표 3> 나라별 청년들의 자기 자신에 대한 의식 비교

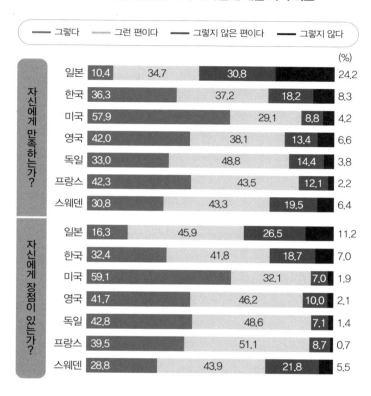

출처: 〈아동, 청년 백서〉 2020년 전체판

이는 참으로 슬픈 현실이 아닐 수 없고, 한시라도 빨리 어떻게 해야겠다는 생각이 복받쳐 오른다. 왜 일본 젊은이들은 다른 나라에 비해 열등한 것일까? 나는 이 물음에 동의하지

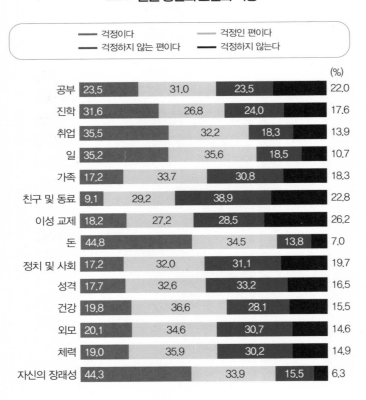

<도표 4> 일본 청년의 고민과 걱정

	걱정이다	걱정인 편이다	걱정하지 않는 편이다	걱정하지 않는다

(%)

	걱정이다	걱정인 편이다	걱정하지 않는 편이다	걱정하지 않는다
공부	23.5	31.0	23.5	22.0
진학	31.6	26.8	24.0	17.6
취업	35.5	32.2	18.3	13.9
일	35.2	35.6	18.5	10.7
가족	17.2	33.7	30.8	18.3
친구 및 동료	9.1	29.2	38.9	22.8
이성 교제	18.2	27.2	28.5	26.2
돈	44.8	34.5	13.8	7.0
정치 및 사회	17.2	32.0	31.1	19.7
성격	17.7	32.6	33.2	16.5
건강	19.8	36.6	28.1	15.5
외모	20.1	34.6	30.7	14.6
체력	19.0	35.9	30.2	14.9
자신의 장래성	44.3	33.9	15.5	6.3

출처: 〈아동, 청년 백서〉 2020년 전체판

않는다. 단순히 자기 자신을 모르기 때문일 것이다. 자신의 강점을 자각하지 못하기 때문이고, 자신의 강점으로 남들을 공헌하고 돕는 즐거움을 모르기 때문일 뿐이라고 생각한다.

일본의 젊은이들이 안고 있는 고민과 걱정은 돈, 그리고 자신의 장래와 취업의 순서로 비율이 높다. 이 책을 집필하고 있는 2020년은 코로나19로 인해 일본뿐만 아니라 전 세계가 불안을 호소하고 있으며 희망을 찾기 힘든 상황이 이어지고 있다.

여기서 소개한 일본인의 비관적인 데이터는 코로나19가 만연하기 이전의 이야기로, 지금은 훨씬 더 악화되었을 가능성이 높다. 코로나19 상황이 얼마나 더 지속될지 모르지만 영원하지는 않을 것이다.

우리는 어떤 환경에서도 자신의 인생을 살아야 한다. 단기적으로 보나 장기적으로 보나 지금 우리는 더 이상 자기의 약점에만 매달려 있을 때가 아니다. 지금이야말로 자신의 강점에 집중해야 할 때인 것이다.

🔑 **KEY POINT**

어떤 환경에서도 자신의 인생을 살아야 한다. 자기의 약점에만 매달려 시간을 탕진하는 어리석음은 이제 끝내자. 나보다 잘난 누구의 삶도 흉내 내지 말고, 오직 나만의 것으로 살아가자.

03 일단 자기인식의 정확도부터 높여라

내가 원하는 게 무엇인지 아는 게 중요하다

자신의 강점을 알기 위해서는 자기인식의 정확도를 높여야 한다. 자기를 인식하는 행위란 무엇일까? 누구나 '나는 이런 사람이다', '나는 이런 성격이다'라는 의식이 있다. 하지만 이 책에서 다루는 자기인식은 겉으로 드러나는 인상이 아니라 '무의식적인 행위'를 말한다.

무의식이란 스스로 깨닫지 못하는 것, 의식하지 않아도 저절로 나오는 것, 의도적이 아닌 본능적인 것, 남이 평가하지 않아도 내가 먼저 하고 싶은 것을 말한다.

무의식적인 행동은 타고난 재능이나 신념을 바탕으로 이루어지는 것으로, 남을 신경 쓰지 않는 진짜 자신의 모습이다. 다만 무의식적으로 이루어지기 때문에 자신의 재능이나 기질, 습관, 감정의 실체를 쉽게 알아차리지는 못한다. 애써 찾으려고 노력하지 않으면 평생 모른 채 끝날 수도 있다.

따라서 얼마나 무의식에 주목하느냐가 관건이다. 자기인식이 가능해지면 평소 몰랐던 자신을 발견하는 기쁨과 더불어 지금까지 의식하지 못했던 습관을 컨트롤하는 즐거움을 경험할 수 있다. 나는 이 기쁨과 즐거움을 독자 여러분과 나누고 싶다.

세계적인 화학전기 소재 제조사인 3M에서 중역으로 일하고 있는 친구가 있는데, 그는 자기인식은 자기 인생을 스스로 결정하는 것이라고 말한다. 인생에서 자기가 결정할 수 있는 일이 많으면 많을수록 행복과 만족이 커진다는 것이다.

그는 또한 자신의 인생을 스스로 결정하기 위해서는 '자신이 누구인지', '자신이 바라는 것이 무엇인지', '왜 그것을 바라는지'를 생각해서 진짜 자신과 마주하는 과정이 필요하다고 덧붙였다.

그러면서 그는 이런 말도 했다.

"자신이 정말로 바라는 것이나 진짜 감정, 본래의 기질과 마주하는 것을 회피하면 언젠가 반드시 그 대가를 치른다."

왜 그럴까? 자신이 진짜 바라는 것, 가슴으로부터 치솟아 오르는 삶의 목표를 외면한 채 무조건 남의 말에 따르거나 시류에 편승하거나 아예 진짜 자신을 모르고 살아가는 삶이야말로 비극적인 결론으로 치닫기 때문이다.

물론 진짜 자신과 솔직하게 마주하는 것은 그다지 즐겁지만은 않은 일이다. 하지만 그 순간 그 자리를 피한다 해도 언젠가 반드시 '자신이 정말로 하고 싶은 일이 무엇인가?'를 고민해야 할 때가 온다. 미루면 미룰수록 인생의 선택지만 줄어들 뿐이다.

🔑 KEY POINT

자신이 정말로 바라는 것이나 진짜 감정, 본래의 기질과 마주하는 것을 회피하면 언젠가 반드시 그 대가를 치르게 된다. 자기만의 무기로 인생과 정면승부를 거는 자만이 진짜 승리자가 된다.

04 잘난 척할 필요도, 주저할 필요도 없다

자신을 정확히 파악할수록 높은 성과를 낸다

자기인식은 개인이 안고 있는 여러 문제들을 해결하는 지름 길이자 조직의 문제들을 해소하는 비법이 될 수도 있다.

한 조사에 따르면 종업원의 자기인식 정확도가 어느 정도 인가에 따라 기업의 수익에 영향을 미친다는 사실이 확인되 었다. 세계적인 헤드헌팅 기업인 콘 페리 인터내셔널Korn Ferry International이 미국의 상장기업 486개사의 주식 실적을 조사 했는데 재무 실적이 높은 기업이 낮은 기업보다 '자기인식의 정확도가 높은 직원이 많다'는 경향을 알게 되었다.

미국 시카고에 위치한 드폴대학교에서 경영학을 가르치는 에리히 디어도프Erich Dierdorff 교수는 하버드 비즈니스 리뷰에 기고한 글에서 다음과 같이 말했다.

"조직에서 팀이 효과적으로 기능하려면 팀원이 일에 필요한 기술적인 스킬과 대인관계 스킬을 보유하고, 팀의 필요에 공헌할 수 있는 준비를 해야 한다. 그러기 위해서는 자신과 남의 능력을 비교하고 정확히 이해하는 자기인식이 중요하다."

자기인식의 정확도가 낮거나 자신을 과대평가하는 동료와 일을 하면 그 팀이 성공할 가능성은 반감된다. 반대로 자기인식이 뛰어난 리더가 인솔하는 팀은 의사 결정이 빠르고 업무 조정이 원활하여 조직 관리에 들어가는 시간을 단축할 수 있다.

자기인식의 정확도가 높다는 것은 자신이 어떤 사람인지 잘 알고 있다는 뜻이다. 다시 말해서 일이나 일상생활에서 어떻게 성과를 낼지 그 전략이 명확하다는 것이다. 자신의 강점으로 남과 어떻게 소통하면 될지 알기 때문에 저절로 인간관계가 원만해진다. 그런 능력은 자신의 커리어 관리에도, 나아가 행복한 인생을 함께 보낼 배우자를 찾을 때도 분명 도움이 된다.

특히 비즈니스 세계에서는 자신이 어떤 사람이고 회사에 어떻게 공헌할지를 파악하고 있는 것이 매우 중요하다. 그러니 자신이 상사나 고객, 동료, 후배에게 어떻게 비치는지, 어떤 비전을 그리고 있는지, 어떤 식으로 사고하는지, 어떤 식으로 행동하면 성공하는지, 교섭과 의사결정, 역할 배분이 적절한지 등 관리자 입장에서도 지위가 높을수록 자신을 정확히 파악해둘 필요가 있다.

남과 비교하지 않는다

자기인식의 중요성을 아는 리더는 팀원 각자가 강점을 발전시킬 수 있도록 도우며, 자신의 부족한 부분은 남을 통해 보완할 줄 안다. 나에게 어떤 부분이 부족하거나 모르는 것은 부끄러운 일이 아니며 남에게 도움을 요청하는 것은 더욱 부끄러운 일이 아니다. 그렇기에 그들은 목적을 달성하기 위해서는 서로 연대해야 한다며 상대를 지속적으로 설득하여 학습을 통해 성장하는 문화를 팀에 뿌리내리게 할 줄 안다.

물론 리더 자신도 본인의 강점과 약점을 팀원에게 공개하여 서로의 강점을 주고받는 일에 적극 동참한다. 이것이 바로 팀이 강해지는 방법이다. 이런 분위기가 조성되면 개개인의 강점을 존중하면서 활발한 의사 교환이 가능한 조직으로 발전할 수 있다.

잘난 척할 필요도 없고, 주저할 필요도 없이 무엇이든 모르면 가볍게 물어보면 된다. 의견이 맞지 않아 대립이 생기는 일도, 어설프게 배려하느라 애쓰는 상황도 적어질 수 있다.

개인의 강점이 높게 평가받고 약점이 허용되는 조직에서는 한 사람 한 사람이 자기다운 있는 그대로의 모습으로 존재할 수 있다. 그렇기 때문에 결과적으로 아이디어나 지식, 경험이 서로 맞물려 돌아가는 강력한 기업이 탄생한다. 말 그대로 경쟁력이 있는 크리에이티브한 집단이 되는 것이다.

그리고 자기인식은 심리적 건강에 적지 않은 영향을 준다. 선택이나 결단을 할 때 망설임이 없기 때문에 두려워하거나 불안하지 않다. 자신의 강점을 알면 자기긍정감이 고양되고 자신을 있는 그대로 받아들인다.

반면에 자기인식이 부족한 사람은 자신의 재능이나 기질에 맞는 방법을 선택할 수가 없다. 자신에게 맞는 방법의 선택이 중요한 이유는 무엇보다 본인이 편하며 무의식적으로도 할 수 있다, 의욕을 느낄 수 있기 때문에 시간 가는 줄 모르고 일에 몰두할

수가 있다. 올바르게 자기를 파악하고 자기의 재능을 의식적
으로 활용하는 것이야말로 진정 인생을 즐기는 비법이라는
얘기다.

나는 부부 사이에서도 자기진단 툴의 결과를 활용할 정도
로 자기인식의 힘을 신뢰한다. 한번은 아내가 자기인식의 정
확도가 높아진 후 어떻게 달라졌는지 말해주었는데 나에게
엄청난 깨달음을 줬다. 다음은 아내의 이야기를 항목별로 정
리한 것이다.

- 남과 비교하는 일이 줄어서 감사하는 마음이 생겼다.
- 남을 판단하는 일이 줄어서 받아들이는 게 쉬워졌다.
- 두려움이 줄어서 도전이 편해졌다.
- 내가 말하는 시간이 줄어 남의 이야기를 경청하게 되었다.
- 뭔가를 받는 일이 줄고 상대에게 주는 일이 늘었다.

아내의 이런 깨달음이야말로 자기가 누구인지 정확히 알
고 난 뒤에 얻어지는 자연스러운 기쁨이다. 자기인식의 정확
도가 높아지면 '나는 다른 누구도 아니다' '나에게는 나만의
강점이 있다'고 생각하게 된다. 그리고 자신에 대한 이해도가
깊어지면 자연스럽게 남들에게도 관심이 생긴다. '저 사람은

어떤 재능이 있을까?' '저 사람을 위해 해줄 수 있는 일은 뭘까?' 이런 생각을 하기 시작했다면 당신은 자신의 잠재 재능을 꽃피울 수 있다.

자신의 강점을 자각하고 활용하기 위해서는 순서가 중요하다. 먼저 자신을 정확히 알아야 한다. 그리고 잠재 능력을 찾아서 키우고 강점으로 발전시켜 나간다. 끝으로 자신의 강점을 남을 위해 쓴다. 바로 이런 순서로 진행된다. 자신을 정확히 파악하게 되면 남을 도와줄 수 있는 힘이 생긴다는 것이다. 그러면 지금부터 본격적으로 자기 자신을 파악하는 과정을 설명하겠다.

🔑 KEY POINT

개인의 강점이 높게 인정받고, 약점이 허용되는 조직에서는 자기긍정감이 고양된다. 결과적으로 아이디어나 지식, 경험이 서로 맞물려 돌아가는 경쟁력 있는 크리에이티브한 집단이 되는 것이다.

05 자기다움이라는 것

자기다움을 찾는 일이 제일 먼저다

〈쿵푸팬더Kung Fu Panda〉라는 영화가 있다. 스티븐 스필버그 Steven Spielberg 감독이 이끄는 드림웍스가 제작한 동물들이 펼치는 쿵푸 애니메이션이다.

주인공 팬더 '포'는 국수집에서 아버지를 도와 국수 배달을 하고 있다. 아버지는 아들에게 가문 대대로 내려온 국수의 제조법을 알려주고 싶어 하지만 포의 관심사는 오로지 쿵푸뿐이다.

어느 날 포는 가게 일은 뒷전으로 하고, 몰래 쿵푸 비법의 전수자를 정하는 무적의 5인방이 벌이는 대결을 보러 시합장을 찾는다. 포도 그런 대회에서 우승할 정도의 쿵푸 마스터가 되는 게 꿈이지만 140킬로그램에 달하는 뚱뚱한 몸 때문에 여의치가 않다.

평소에 포는 '스승님처럼 날렵하게 움직이고 싶어', '강한 근육질 몸이 되고 싶어'라면서 거기에 따르지 못하는 자기 몸을 한탄하며 불만스러운 나날을 보낸다.

그러던 어느 날 포는 자신의 빵빵한 배가 쿵푸의 무기가 된다는 사실을 알게 된다. 이를 계기로 '뭔가가 되고 싶다'가 아니라 '나는 나로 만족한다'로 생각을 고쳐먹게 되고, 이때부터 포의 실력은 급성장한다.

이 영화는 자기다움을 발휘하는 것이 얼마나 중요한지를 다시금 일깨운다. 자기답게 살아가는 사람이 가장 강하고 매력적이라는 사실도 알게 된다. 사람마다 타고난 능력 차이가 있다는 걸 부정하는 게 아니다. 하지만 남의 능력과 자신을 비교하면서 부러워하거나 주눅 드는 게 무슨 의미가 있겠는가?

이제부터 당신이 찾아야 할 것은 '자기다움'이다. 자기다움을 추구해야 어려움에 직면했을 때 이겨내는 힘을 발휘할 수 있다. 자이언트 팬더 포가 자신의 빵빵한 배가 무기가 될 수 있음을 깨달은 것처럼 말이다.

비즈니스에서 성공하고 싶다면, 어느 분야에서 정상에 서고 싶다면, 남들 이상으로 부자가 되고 싶다면, 행복한 인간관계를 쌓고 싶다면, 본래 자신이 갖고 있는 소양인 자기다움으로 승부하는 것이 최선이다. 자기다움 속에 아직 자신도 모르는 강점이 숨어 있기 때문이다.

"나는 활동적인 성격이고 사람 만나는 일이 좋다."

그렇다면 대외적인 업무를 맡아 영업마케터를 지망하면 어떻겠는가?

"나는 자료를 정리하고 계획을 세우는 일이 적성에 맞아."

그렇다면 경영전략을 세우는 팀에서 일하면 보람이 클 것이다.

"나는 다른 누구의 간섭도 받는 게 싫으니까 혼자 일하는 게 좋아."

그렇다면 이런 사람은 연구개발실 같은 팀에서 일하면 될 것이다. 이 책에서 말하려는 핵심은 이렇게 자기만의 특별함을 강점으로 살려서 인생을 살아가는 무기로 삼으라는 것이다.

신입사원 면접을 진행하다 보면 자기의 취향이나 특기와

는 달리 겉보기에 화려하거나 주위 사람들이 추천하는 분야를 맹목적으로 지망하는 사람들이 많다. 마치 대학입시에 경쟁률이 약한 곳을 무조건 지망하면서 입학이나 하고 보자는 고등학생처럼 말이다.

어떤 취업 희망자는 '뭐든 시켜만 주시면 열심히 하겠습니다!'라고 말하기도 한다. 나는 이런 사람을 만나면 무조건 상담 용지에 탈락 후보라고 적는다. 자기답게 산다는 것은 자신의 역량과 소신, 실력에 맞는 일을 해나가는 것을 말한다. 다른 누구도 아닌 자기 자신의 삶이기에 '자기다움'이란 말을 가슴에 새기기 바란다. 거기에 인생의 무기가 있고, 답이 기다리고 있다.

🔑 KEY POINT

'뭐든 시켜만 주시면…'에서 '전 이런 일에 소질이 있습니다'로 바뀌어야 한다. 이 말의 핵심은 적어도 자신이 무엇을 잘하는지를 찾는 일이다. 그 다음은 내가 잘할 수 있는 그 일이 나를 도울 것이다.

제2장

'잠재 재능'을 강점으로 키우는 방법

01 자기인식에 필요한 다섯 가지 마인드셋

자기인식의 정확도를 높이는 법

나는 자신의 강점으로 삼을 수 있는 개인적인 특성을 '잠재 능력'이라는 말로 표현한다. 그냥 재능과 뭐가 다르냐고 할지 모르지만, 본인 스스로가 미처 깨닫지 못하고 있을 가능성이 크기 때문에 잘 가꿔 꽃피워야 한다는 의미를 강조하기 위해 이렇게 이름 붙였다.

잠재 능력이란 평상시에는 잘 드러나지 않지만 어떤 특별한 경우에는 모습을 드러내게 되는 능력을 말한다. 그렇다면 '어떤 특별한 상황'을 일상의 일로 만들 수는 없을까? 앞 장에서 자신의 재능을 썩히지 않으려면 자기인식의 정확도를 높여야 한다고 설명한 바 있다. 이번 장에서는 자기인식에 필요한 다섯 가지 마인드셋mindset 사고방식을 살펴보자.

1. 모든 사람은 잠재 재능이 있다

누구나 자기 나름의 잠재 능력이 있다는 사실을 받아들이는 게 매우 중요하다. 하지만 평소에 이것을 너무 당연하게 생각해서 간과하고 있을 가능성이 크다. 하지만 이번 생은 망했다며 섣불리 포기해서는 안 된다. 그저 자신의 실제 모습을 인식하기만 하면 된다. 그러니 자신을 절대 과소평가하지 말자.

"나는 강점이랄 게 없어요."

"특별할 게 아무것도 없는 사람이에요."

"내 인생은 실패로 얼룩져 있어요. 무슨 희망이 있겠어요?"

이런 말은 오늘이 마지막이라고 다짐하자.

사람은 부정적인 생각을 반복하는 습성이 있다. 어떤 연구에 따르면 인간의 뇌는 하루에 6만 가지나 되는 고민으로 가득 차 있는데, 그중에서 95%는 어제도 했고 그저께도 했던 습관성 고민이라고 한다. 게다가 이런 고민의 80%가 부정적

인 결론으로 흐른다고 한다.[*]

자기 자신에 대한 과소평가나 과대평가는 자신을 정확히 파악하지 못하기 때문에 생기는 문제다. 힘든 취업 활동으로 자존감이 바닥인 학생들이 많은데 냉정한 자기 분석을 한답시고 자신을 실패자, 낙오자로 업신여기는 짓은 당장 그만두어야 한다.

2. 아무도 '혼자' 살 수 없다

비즈니스 세계에서는 아무도 혼자서 성공할 수가 없다. 모든 성과는 상부상조하는 시스템 속에서 이루어지기 때문이다. 혼자 담당하는 업무처럼 보이는 일도 한 발짝 물러나 전체를 보면 여러 사람들이 유기적인 관계를 맺고 있음을 알 수 있다.

일에서, 혹은 인생에서 성공하고 싶다면 다수의 협력자가 필요하다. 협력자는 회사의 상사나 동료, 부하일 수도 있고 고객일 수도 있다. 배우자나 친구, 자녀의 손을 빌려야 하는 경우도 생긴다. 남의 도움을 이끌어낼 수 있으면 발휘할 수

---

[*] Marci Shimoff with Corol Kline, "Happy for No Reason: 7 Step to Being", Atria Books).

있는 능력치가 몇 배나 상승하는 셈이다.

미국 조지아대학 경영학과 교수이자 베스트셀러 작가인 토머스 스탠리Thomas Stanley는《이웃집의 백만장자Next Millionaire Next Door》에 이렇게 썼다.

'백만장자들에게 경제적으로 성공한 요인을 물었더니 94%가 남들과 잘 지낼 것을 꼽았다.'

세계적인 베스트셀러《소유의 종말The Age of Access》의 제러미 리프킨Jeremy Rifkin은 미국 최고의 리더들이 모인 행사에서 다음과 같은 말로 스피치를 시작했다.

"여러분께 먼저 해주셨으면 하는 게 있습니다. 그것은 바로 '가족에게 감사하라'입니다."

제러미는 최고의 비즈니스맨들을 상대로 곁을 지켜주는 이들에 대한 감사 없이 성공은 요원하다고 단정적으로 말하고 있다. 성공을 원한다면 가까이 있는 사람들에게 감사하는 일부터 시작하라는 제러미의 충고는 우리에게 너무도 크고 깊은 울림을 준다.

3. 나의 상식과 남의 상식은 다르다

"나와 당신은 서로 다르다. 지금까지 살아온 삶도, 사고방식이나 가치관도, 타고난 기질도 다르다."

이 말에 반론을 제기할 사람은 없을 것이다. 그런데 머리로는 이해해도 우리는 무의식적으로 내게 당연한 일이 세상에서도 당연한 것이라고 생각할 때가 많다. 하지만 무조건적인 당연한 일이나 상식은·어디에도 존재하지 않는다.

나는 소노스 재팬의 경영자로 이직하고 나서부터는 상식이라는 말을 버렸다. 상식이란 자기 능력과 경험의 조합으로 이루어지기 때문에 나의 상식과 남의 상식은 근본적으로 다르다. 따라서 '자신에게 당연한 일 하지만 남들에게는 반드시 그렇지 않은 일'을 하는 것이야말로 자신의 잠재 능력을 발견하는 비결이다. 반대로 남들에게는 당연하지만 나에겐 반드시 그렇지 않은 일을 하거나 세상이 정한 일반상식의 틀에 자신을 꿰맞추느라 허덕대는 삶은 전혀 행복하지 않다.

4. 있는 그대로 살아갈 용기를 가져라

잠재 능력을 제대로 파악하려면 다음 세 가지가 중요하다.

- 정직할 것.
- 본심일 것.
- 있는 그대로 살아갈 용기를 가질 것.

원래 모습 그대로인 자신을 더 깊이 탐구하다 보면, 다시 말해서 자기인식에 집중하다 보면 복잡한 기분에 사로잡히기 쉽다. 때로는 듣기 싫은 말을 들어야 하고, 보기 싫은 진실과 마주해야 하기 때문이다.

우리는 이렇게 살면서 자기인식을 방해하는 두려움이나 허영심, 자신에게 솔직할 수 없는 장해물들을 만날 때가 많다. 그럴 때는 초심으로 돌아가 처음 다짐했던 목적을 떠올리자. 자기인식이 어떻게 삶을 구원해줄지 그 효용을 떠올려보는 것이다.

있는 그대로의 모습으로 살면 남들에게 미움을 받거나 시기를 받기도 한다. 누군가는 당신에게 제멋대로 산다면서 적대감을 가질지도 모른다. 심지어 외계인 취급을 하며 비웃을지도 모른다.

하지만 분명히 말할 수 있다. 그냥 미움을 받아라. 모든 사람에게 사랑받을 수는 없지 않은가? 미움받을 용기가 당신을 일으켜 세우는 힘이 된다. 남들에게 사랑받으려고 노력할수록 점점 자신을 잃고 말 것이다. 과연 자신의 행복을 희생하면서까지 남들의 눈을 의식할 필요가 있을까?

5. 잠재 능력을 키우는 노력을 하라

있는 그대로 산다는 것이 아무런 노력이나 고민이 필요 없다거나 현실에 안주하면 된다는 뜻은 절대 아니다. 일단은 무리하거나 허세 부리지 말고, 그렇다고 지나치게 겸손을 떨지도 않으면서 자신 안에 감추어진 잠재 능력이 무엇인지 찾아내는 게 먼저다.

그런 후 자신의 강점으로 삼을 수 있는 수준이 될 때까지 갈고닦는 과정을 거쳐야 한다. 단순히 자기인식에만 그치면 잠재 능력이 꽃도 피우지 못한 채 시들어버리기 때문에 강점으로 발전하지 못한다.

그런 의미에서 잠재 능력을 키우려면 반드시 노력과 고민이 필요하다. 당장 성과가 보이지 않아도 끈기를 갖고 노력해야 한다. 그 과정에서 시행착오도 있겠지만 끊임없이 정성을 들이다 보면 잠재 능력이 꽃을 피우는 날이 반드시 올 것이다.

🔑 KEY POINT

당신에게는 손쉽고 당연한 일이지만, 남들에게는 반드시 그렇지 않은 일을 하라. 그것이 바로 당신만의 특별한 무기가 되어 남다른 인생을 만들어줄 것이다.

02 활용하지 않으면 소용이 없다

마치 근육을 단련하듯이

자신의 잠재 능력을 알기 위한 방법을 알기 전에 잊지 말아야 할 것이 있다. 잠재 능력을 그저 인지하는 것만으로 만족해서는 안 된다는 것이다. 그것은 마치 오늘의 운세 기사를 보고는 맞는지 아닌지 상관없이 그냥 덮어버리는 꼴이다.

잠재 능력을 그냥 호주머니 속에 넣어두듯이 갖고 있다는 것만으로는 달라지는 게 아무것도 없다. 활용하지 않으면 아무 소용이 없다. 그럼 어떻게 해야 할까? 자신의 잠재 능력을 자각하고 강점으로 발휘할 수 있는 상황을 의식적으로 만들어야 한다. 일상생활 중에 어떻게 행동해야 잠재 능력을 자각할 수 있는지 고민하고 실천하는 노력을 게을리하지 않는 것이다.

그리고 잠재 능력은 그것을 살리기 위한 행동을 많이 할수록 마치 근육이 단련되듯이 강점으로 발전한다. 여기서 말하는 '강점'이란 자신의 잠재 능력을 최대한 이끌어낸 결과물이다. 다시 말해, 잠재 능력을 활용하면서 습득하고 학습한 지식들의 조합이다.〈도표 5〉

예를 들어 나는 한번 목표를 정하면 그것을 달성하기 위해 전력을 다해 돌진하는 성격이다. 결과는 상황에 따라 긍정적인 방향으로 흐르기도 하고 그 반대인 경우도 있지만, 무엇이건 그 또한 나의 잠재 능력의 하나가 된다고 생각한다.

나는 목표가 명확히 정해지면 의욕이 넘치고 집중력이 높아진다. 반면에 목표가 애매하면 일하고 싶은 마음이 좀처럼 생기지 않는다. 그렇다는 것은 잠재 능력과 동기부여는 밀접한 관계가 있다는 뜻이 아닐까?

내가 잠재 능력을 나만의 강점으로 발전시키기 위해 항상 신경 쓰는 부분이 있는데, 그것은 바로 조직원들에게 '이 업무의 목표는 뭔가요? 달성하기 위한 전략은 뭐죠?'라고 질문

<도표 5> 잠재 능력을 '강점'으로 발전시키는 방법

투자
재능 계발에 필요한 시간

잠재 능력
자연스러운 사고, 감정, 행동 습관

강점
긍정적인 결과를 내는 능력

출처: 《스트렝스 파인더 2.0》

하는 것이다. 물론 회의를 통해 목표와 전략을 익히 알고 있지만 일부러 상대의 입을 통해 듣는 것에 의미를 둔다.

동료에게 전략과 목표를 매번 확인하면 깜빡하고 잊는 일 없이 원활한 지원이 가능하고, 리더인 나도 안심이 된다. '주 1회는 반드시 물어본다'는 식으로 행동 지침을 정해두면 상대의 잠재 능력을 계발하는 데 시간을 투자하는 셈이다.

또한 목표가 크면 틈틈이 중간 목표를 설정할 수 있어 업무에 도움이 된다. 매일 아침에 목표와 계획을 확인하면서 반드시 해야 할 행동을 궁리해두면 자신의 재능도 자각하고 어떻게 활용할지 모색할 수 있어 좋다.

그러나 목표 달성에 매진한다는 생각이 없는 사람이 나처럼 행동하면 성과를 기대하기가 힘들 것이다. 애초에 목표를 설정하고 달성을 향해 노력한다는 것에 흥미가 없는 사람도 있다. 그러면 과정은 그저 괴로움을 줄 뿐이다. 자신과 다른 재능을 가진 사람을 흉내 내봐야 아무 의미가 없다는 얘기다.

하지만 자신의 재능을 정확하게 자각해서 활용하면 그 행위 자체를 즐길 수가 있다. 일에 몰두할 수 있고, 일을 하면서 설레기도 한다. 의욕이 불탄다는 것은 자신의 재능에 시간을 투자하고 있다는 증거이다.

일하는 방식을 바꿔라

자기만의 재능 계발에 시간을 투자해야 하는 이유를 설명해주는 연구 결과가 있다. 네브래스카대학교는 속독의 효과적인 교수법을 알아보기 위해 3년 동안 1,000명 이상의 학생을 대상으로 속독과 이해력에 관한 조사를 실시했다.

읽는 것이 서툰 학생을 대상으로 속독법을 가르쳤더니 1분 동안 읽은 단어가 90개에서 150개로 늘어났다. 반면에 읽는 것이 능숙한 학생에게 같은 속독법을 가르친 결과 1분 동안 읽은 단어 수가 350개에서 2,900개로 향상되었다.

읽는 것이 서툰 학생의 단어 증가폭은 2배에도 미치지 못했는데 이에 반해 읽는 것이 능숙한 학생은 약 8배나 증가한 것이다.〈도표 6〉 이는 약점을 극복하려고 노력하는 것보다 강점을 발전시키는 노력이 훨씬 더 큰 성과를 낼 수 있다는 사실을 실감할 수 있는 조사이다.

현대 경영학을 창시한 학자로 평가받는 피터 드러커Peter Drucker는 《21세기 지식경영Management Challenges for the 21st Century》에서 이렇게 썼다.

"조직에 맞추어 자신을 바꾸려고 해서는 안 된다. 잘될 리가 없다. 자신의 일하는 방식을 개선해야 한다. 서툰 방식으로 일하려고 해서는 절대 성공할 수 없다."

무능한 사람을 보통 수준으로 끌어올리기는 일류를 초일류로 만들기보다 더 많은 에너지가 필요하기 때문에 기대할 수 있는 성과가 적을 수밖에 없다. 피터 드러커는 같은 책에서 이렇게도 썼다.

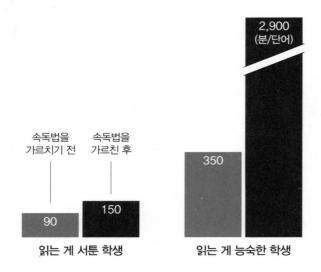

<**도표 6**> **강점에 투자했을 때의 효과**

2,900
(분/단어)

속독법을
가르치기 전

속독법을
가르친 후

350

150

90

읽는 게 서툰 학생

읽는 게 능숙한 학생

출처: Donald O. Clifton and James K. Harter "Investing in Strengths."
(https://media.gallup.com/documents/whitepaper–investinginstrengths.pdf)

"사람은 저마다 재능이 다르기 때문에 누구나 상황에 따라
유능해지기도 하고 무능해지기도 한다. 모두가 천편일률적으
로 같은 노력을 할 필요가 없이 각자 자기의 강점에 집중해야
한다."

속도와 변화가 요구되는 동적인 환경에서 실력을 발휘하

는 사람이 있는가 하면 변화는 적지만 정확성이 필요한 정적 업무가 맞는 사람도 있다. 팀원이 많은 조직의 일원이 되어 일하는 걸 즐기는 사람이 있는가 하면 혼자서 자유롭게 일할 때 실적이 더 오르는 사람도 있다. 조직의 리더라면 부하직원의 특성을 잘 파악해서 적절한 업무와 환경을 제시해야 한다.

습관성 지각대장을 처리하는 법

전에 다니던 회사에서 매번 지각하는 직원이 있었다. 그는 중요한 회의나 고객과의 미팅에 늦기도 했다. 당연히 상사는 그 친구의 지각하는 버릇을 고치려고 숱한 노력을 했다. 인사에 불이익을 받을 수 있다며 꾸중도 하고, 새로운 알람시계를 추천하며 타일러 보기도 했다. 때로는 화도 내고 격려도 하며 철저히 관리한 것이다.

효과가 있었는지 지각이 조금씩 줄어들기 시작했지만 부하직원의 지각하는 버릇을 고치기 위한 상사의 노력과 시간을 팀의 역량 강화를 위해 할애했다면 어땠을까? 회사 실적 향상에 더 도움이 되지 않았을까?

지각하는 습관은 고쳤는지 몰라도 이런 약점 극복이 경영 실적을 향상시키는 데 얼마나 큰 영향을 줄까? 어쩌면 그가 본래 가지고 있는 장점을 발전시켜주는 게 더 낫지 않았을까?

약점을 극복하는 과정은 본인은 물론이고 주위 사람들도 스트레스가 된다. 따라서 결점을 부각해서 바꾸지 않으면 안 된다고 말하기에 앞서 그에게 어떤 강점이 있는지를 먼저 생각해야 한다. 나는 이제는 뭐든 잘하는 사람이나 약점이 안 보이는 사람이 아니라 특별한 강점이 있는 사람, 단점마저도 귀하게 쓰일 수 있는 사람이 조직에서 활약하는 시대가 되었다고 생각한다.

오래전에 참가한 강점 강화 연수 프로그램에서 강사가 해준 이야기가 무척 인상 깊어 여기에 소개하고자 한다.

어떤 심리학자가 대기업 부장단을 대상으로 시간과 자원을 유효하게 관리하기 위한 워크숍을 개최했다. 심리학자는 그들에게 '시간과 자원을 관리하기 위한 전략을 생각나는 대로 열 가지 작성하세요. 그리고 중요한 순서대로 나열하세요'라고 말했다.

이 워크숍은 단시간에 끝나버렸다. 심리학자가 그들에게 '우선순위로 꼽은 리스트 중에 4위 아래는 모두 삭제해주세요'라는 한 마디만 하고 워크숍을 끝냈기 때문이다. 하지 않아도 되는 일에 매달리지 말고, 해야 할 일에 집중하라는 충고였다.

머리에 떠오르는 생각들을 모조리 실행할 필요는 없다. 자기 앞에 놓인 모든 일을 조금씩이라도 찔러봐야 성이 차는 사람도 있는데, 찔러본 모든 일에서 거둘 수 있는 성과는 미미할 뿐이다.

생각해낸 아이디어가 모두 좋다고 해도 두세 가지 정도로 압축하는 것이 성과의 질적 향상을 기대할 수 있다. 이는 약점 극복에도 적용할 수 있다. 모든 걸 잘해야 한다는 착각에서 벗어날 수 있기 때문이다. 잠재 능력은 사람마다 다르다. 무엇에 집중하고 무엇을 버릴 것인가? 선택과 집중이 당신의 경쟁력을 높여줄 것이다.

🔑 **KEY POINT**

잠재 능력을 갖고 있다는 것만으로는 바뀌는 게 하나도 없다. 자기만의 강점을 자각하고, 그것을 자신의 무기로 만들 수 있는 상황을 의식적으로 만들어라.

03 실패가 없는 사람은
믿을 수 없다

내가 진짜 하고 싶은 게 무엇일까?

나는 원래 마케팅에 흥미가 있었다. 마케팅이란 소비자에게 상품이나 서비스를 효율적으로 제공하기 위한 체계적인 경영 활동을 의미하는데, 나는 대학 때부터 이런 일련의 활동에 묘한 매력을 느꼈었다.

하지만 정작 마케터의 길을 걸으면서 한 가지 사실을 알게 되었다. 그것은 바로 내가 남들에 비해 분석력이 형편없다는 점이었다. 마케터에게는 자기 상품의 분석력도 중요하지만 시장 분석력이 무엇보다 중요한데, 나는 이런 능력에서 낙제

점을 받았던 것이다. 그래서 오랫동안 분석력을 키워야만 마케터로서 성공할 수 있다는 불안감에 사로잡혀 살았다.

그러다가 점점 능력에 한계를 느끼기 시작한 나는 마케터를 그만두고 고객을 직접 상대하는 영업 활동을 시작했다. 그런데 이번에도 한 가지 신경 쓰이는 일이 생겼다. 나의 프레젠테이션 능력이 남보다 훨씬 부족하다는 사실이었다. 그래서 다시 직업 적성에 강한 의문을 품고 고민에 빠지게 되었다.

지금의 나는 당시의 판단이 틀렸다는 걸 알고 있다. 분석력이 부족하기 때문에 마케터로는 성공할 수 없다, 프레젠테이션을 못하기 때문에 영업과 어울리지 않는다……. 이런 식의 인식 자체가 잘못된 것이었다.

나는 마케팅과 영업이라는 업무를 직업이라는 테두리 안에서만 생각하고 있었다. 이런 식의 편협하고 옹졸한 생각으로는 자신에게 맞는 직업을 찾을 수 없을 뿐만 아니라 커리어 고민에서 영원히 벗어날 수 없다.

나는 자신의 능력으로 직업 적합도를 판단할 게 아니라 자신이 원하는 커리어나 인생 목표에 대해 자신이 본래 가지고 있는 재능을 어떻게 적용시켜갈 것인가를 고민해야 했다.

나는 과거 22년 동안의 커리어 중에서 지금의 소노스 재팬이 여덟 번째 직장이다. 이직 기회가 적은 일본 기업사회에서 일곱 번의 이직 경험은 많은 편이라고 볼 수 있다. 이직을 반복하는 사람을 '잡 호퍼Job hopper'라 해서 일본 기업들은 별로 신용하지 않는데, 내 경우 일곱 번의 이직 경험이 오히려 플러스로 작용했다고 자부한다.

왜냐하면 이직할 때마다 '내가 진짜 하고 싶은 게 무엇일까?', '어떤 일을 할 때 가장 즐거운가?', '나의 어떤 능력이 사회에 도움이 될까?', '나의 재능으로 어떤 일을 할 때 최고의 성과가 나올까?' 등을 생각해왔기 때문이다.

그랬다는 것은 나에게는 스스로 자기분석을 할 기회와 기업의 인사팀으로부터 분석을 받을 기회가 동시에 일곱 번이나 있었다는 얘기다. 이직을 할 때는 나도 필사적이었기 때문에 그야말로 열심히 했다. 특히 다음 직장이 좀처럼 결정되지 않을 때면 나 자신을 보다 정확히 분석하기 위해 노력했다.

일이 없는 상황이 장기간 이어지면 수입이 끊어지고 사람과의 만남도 줄어서 지리멸렬한 나날을 보내야 한다. 그럴 때마다 나는 이런 생각을 했다.

'만약 아무 제약이 없다면, 내가 좋아하고 바라는 게 무엇일까?'

'내 강점을 살릴 수 있는 환경은 무엇일까?'

'나는 앞으로 어떤 인생을 보내고 싶은 것인가?'

'원하는 것을 얻기 위해 나의 강점을 어떻게 활용해야 할까?'

나는 이런 식으로 자신을 재점검했고, 그때마다 답을 찾으려고 노력했다.

이제는 패자부활의 시대

나는 커리어에 실패 경험이 없는 사람은 신용할 수 없다고 생각한다. 실패는 도전했음을 뜻한다. 또한 실패할 때마다 다시 일어섰다는 것을 증명한다.

실패해보지 않은 사람은 없기 때문에 특히 외국기업에서는 '얼마나 실패하지 않았는가?'보다 '어떻게 재기했는가?'에 주목한다. 반면에 일본의 비즈니스 현장에서는 이런 관점으로 사람을 보지 않는다. 얼마나 성공했고, 얼마의 실적을 올렸는가? 일본기업들이 주목하는 것은 오직 이런 관점뿐이다.

나의 이스라엘 친구는 일본에는 패자부활이 허용되지 않는다고 지적한다. 이스라엘에서는 스타트업에 뛰어들었다가 회사 설립에 실패해도 '스타트업 실패 전형'으로 대기업에 재취업할 수 있다고 한다.

그들은 대기업에서 충전하고 다시 스타트업으로 도전한다. 실패하더라도 스타트업 채용 전형으로 다시 취업하면 된다. 실패 경험은 성공 확률을 높이는 디딤돌이 된다는 관점이 그들에게 있는 것이다. 이런 시스템은 인재의 유동성을 높이는 구조를 만든다는 의미에서 매우 중요하다.

나의 일곱 번의 이직이 모두 성공적이었던 건 아니다. 개중에는 힘든 선택도 있었다. 하지만 힘들수록 내 속에 잠자고 있는 잠재 능력을 발굴하겠다는 에너지가 넘쳤다. 만약 지금 당신이 곤란에 직면했거나 위기에 처했다면 그때의 나처럼 자신이 최고로 잘할 수 있는 잠재 능력을 찾을 수 있는 최고의 기회라고 생각하면 어떨까?

구조조정을 당했을 때, 금전적으로 궁핍할 때, 병에 걸렸을 때, 연애에 실패했을 때, 누구나 이런 상황에 처하면 '이대로 괜찮을까?'라며 자신을 뒤돌아보기 마련이다. 일이 잘 풀리지 않고 고난이 덮쳤을 때 비로소 자신과 진심으로 마주하게 된다.

물론 일부러 역경을 만들 필요는 없다. 그렇지만 크든 작든 일이 잘 풀리지 않고 '이렇게 살아도 되나?' 싶은 생각이 들면서 잠시 멈칫할 때야말로 잠재 능력을 발견할 절호의 기회라는 사실을 기억하자.

일곱 번의 이직은 나에게 특별한 선물을 안겨주었다. 다양한 상황에 적극적으로 대응할 수 있는 잠재 능력을 발견할 수 있었고, 그러한 경험을 통해 일본 시장에 적합한 마케팅 방식을 찾아내는 능력에 눈뜨게 되었다.

외국기업이 일본에서 제품을 판매할 때 아무리 해외에서 인기를 끌었던 제품이라도 그대로 도입해서는 큰 실적을 기대하기 힘들다. 이때는 일본 시장에서 어떻게 판매할지를 고민해서 적절한 마케팅 방법을 찾아내는 능력이 필요하다.

이전에 근무했던 핏빗에서의 경험을 소개하자면, 이 회사는 일본 법인을 설립하던 2014년만 해도 세계적으로는 애플워치보다 높은 시장점유율을 보유하면서 웨어러블 디바이스 시장에서 세계 1위를 고수하고 있었지만 일본에서는 지명도가 거의 없었다.

본사가 있는 미국에서는 운동이 일상화되어 있기 때문에 피트니스에 대한 의식이 높아서 피트니스, 엑서사이즈, 러닝과 같은 단어를 적극적으로 활용하여 판매 효과를 올릴 수 있었다. 물론 일본에서도 이런 단어들을 일상적으로 사용하지만 운동이 취미인 사람이 대다수여서 미국에 비해 그 인구가 압도적으로 적었다.

그래서 피트니스와 건강의 차이를 명확히 구분해보기로 했다. 피트니스는 운동을 하기 위해 신체 능력을 향상시키는 것이고, 건강은 신체의 모든 기관이 최적의 상태를 유지하는 것이다. 이렇게 정의를 내리고, 미국은 피트니스에 관심이 많고 일본은 건강에 관심이 많다고 가정했다.

구글 트랜드에서 조사해보니 일본에서는 워킹, 수면, 뷰티 같은 단어들이 강세를 보이고 있음을 알 수 있었다. 그래서 모든 마케팅 포인트를 건강에 맞추기로 했다. 즉 미국처럼 피트니스, 엑서사이즈, 러닝이 마케팅의 출발점이 아니라 일본의 실정에 맞춘 워킹, 수면, 뷰티 등 건강관리를 마케팅의 출발점으로 삼았다.

그러자 기대한 대로 일본인들도 제품에 대한 이해도가 높아지기 시작했다. 핏빗은 내가 떠난 후 2019년에 구글로 넘어갔지만 운동, 식사, 체중, 그리고 수면을 기록하여 건강을 개선하는 제품으로 일본에서도 널리 알려지게 되었다. 특히 기업들이 제품을 도입하면서 종업원의 건강에 대한 의식을 높이는 계기가 되기도 했다.

무슨 일을 할 때 가장 즐거웠는가?

나는 해외에서 인기 높은 제품을 일본 시장에 적절하게 소개하는 업무를 핏빗 이전에 근무했던 마이크로소프트나 에이서에서도 경험한 적이 있다. 그래서 무선 오디오 제조사인 소노스 재팬으로부터 일본 법인 대표직을 제안 받았을 때 나의 이런 강점이 높게 평가받은 것이라고 자기분석을 했다.

마케터, 영업자, 개발자, 경영자 등 뭐라고 불리든 상관없다. 하고 싶은 것과 할 수 있는 것, 그리고 남들이 원하는 것이 교집합을 이루는 지점을 찾아 일본 시장에 적합한 형태의 판매법을 구상하는 것이 바로 내가 하는 일이다.

이직이라는 기회를 통해 나 자신에게 '무엇이 하고 싶은가?', '무엇을 할 수 있는가?'라는 질문을 던지고 면접에 임했기 때문에 직업의 범위를 넘어서는 나만의 잠재 능력을 발견할 수 있었고, 그것들을 나의 강점으로 키울 수 있었다.

내 경험을 통해 알 수 있듯이 이직은 잠재 능력을 발견하는 하나의 기회이다. 이 책을 읽는 독자들은 이직할 계획이 없더라도 이직을 가정해서 자신의 어떤 능력이 삶의 무기가 될 수 있는지 생각해보기 바란다. 그럼 이제부터는 구체적으로 잠재 능력을 찾기 위한 방법을 일곱 가지 소개하겠다. 지금까지 몰랐던 '진짜 자신'을 발견할 수 있기를 기대한다.

먼저 자신의 커리어를 살펴보자. 당신이 주인공인 이야기를 쓴다고 가정하고 과거를 돌아보자. 그리고 자신에게 다음과 같은 질문을 던져보자. 잠재 능력은 자신의 경험을 통해 배운 것에서 찾을 수 있기에 이런 식의 질문은 매우 중요하다.

☑ **FIND YOUR STRENGTHS 01**

01 무슨 일을 할 때 가장 즐거웠는가?
    그때 발휘된 자신의 능력은 무엇인가?

----

02 커리어 중에서 남들에게 감사하다는 말을 언제 가장 많이 들었는가? 그때 발휘된 자신의 능력은 무엇인가?

----

03 인간관계가 호전되었다고 느꼈던 일이 있는가?
   그때 발휘된 능력은 무엇인가?

----

04 어려움이나 역경을 이겨낸 적이 있는가?
   그때 발휘된 자신의 능력은 무엇인가?

----

05 앞으로 가장 하고 싶은 일은 무엇인가?
   그 일을 할 때 자신의 어떤 능력이 발휘되길 바라는가?

----

06 지금까지 인생에서 '그때가 좋았지'라고 생각하는 시기는 언제인가? 그 이유는 무엇인가?
그때 발휘된 자신의 능력은 무엇인가?

각각의 질문에 대한 답변을 가능한 한 구체적으로 작성해보자. 답변이 여러 개인 경우에는 공통점이 없는지 잘 생각해보자. 정기적으로 자신의 행동이나 감정을 되돌아보는 것도 잠재 능력을 찾기 위한 힌트를 얻을 수 있다. 다음 항목에 답변해보자.

'질문에 대한 답변=당신의 재능'과 같이 등식이 정해지는 것은 아니다. 현시점에서는 불확실하고 애매하지만 자기인식을 높여가는 데 필요한 일종의 중요한 힌트이기에 정성을 들여 작성하라.

처음에는 명확히 설명할 수 없을지도 모른다. 분명하지 않아도 괜찮다. 떠오르는 대로라도 상관없다. 메모한다는 가벼운 기분으로 작성하면 된다.

01 새롭게 할 수 있게 된 일이 있는가?
    그 일에 자신의 어떤 특성이 발휘되었다고 생각하는가?

----

02 최근에 의욕이 생긴 일은 무엇인가?
    그 일에 자신의 어떤 특성이 관여했다고 생각하는가?

----

03 그동안 잘했던 업무는 무엇이었는가?
    그 일에 자신의 어떤 특성이 발휘되었다고 생각하는가?

----

04 마음속에 떠오르는 장래의 비전은 무엇인가?
    자신의 어떤 특성과 관련 있다고 생각하는가?

스스로 자신의 재능에 확신을 갖기는 쉽지 않다. 하지만 이렇게라도 자신과 마주하지 않으면 평생 모른 채 끝날 것이다. 편안한 마음으로 평소 생활을 돌아보자. 여러 번 반복해보면 조금씩 질문에 익숙해지면서 정확도가 높아질 것이다.

책에 주어진 질문만이 아니라 자기 스스로 문제를 만들어 물어볼 필요도 있다. 나는 언제 제일 용기가 있었는지, 무엇을 누구와 하면 즐거운지, 무엇이 어떻게 싫은지 등의 질문을 스스로에게 던지고 답을 찾아보자.

🔑 KEY POINT

실패 경험이 없는 사람은 믿을 수 없다. 실패는 도전했음을 의미한다. 또한 실패할 때마다 다시 일어섰음을 증명한다. 실패했기에 도리어 더 단단해진 몸이 당신의 진짜 무기다.

04 화가 나는 순간을
놓치지 마라

언제, 왜 화가 나는지 알아채는 것이 중요하다

뜻밖이라고 생각할지 모르지만 자신의 잠재 능력을 알기 위한 가장 빠른 방법은 '화가 나는 순간'을 놓치지 않는 것이다. 화가 나는 감정을 부정적인 감정으로 치부하기 쉽지만, 실은 화가 난 뒤에는 반드시 잠재 능력이 감춰져 있다.

예를 들어 나는 해외상품이나 서비스를 일본에 소개할 때 일본 시장에 적합하지 않을뿐더러 일본의 생활이나 문화를 전혀 고려하지 않은 획일적인 마케팅을 보면 화가 치민다. 한 나라의 국민성이나 인간적 특성은 매우 중요하다. 나는 이를 대단히 중시한다. 그렇다는 것은 나에게는 사람이나 문화의 다양성을 인정하는 능력이 있음을 보여주는 증거가 아닐까?

보고서로 제출받은 서류의 폰트가 제각기 다른 경우가 있다. 그러면 나는 '왜 통일성이 없지?' 하고 화가 치민다. 보기가 불편하다는 생각에 얼굴을 찌푸려질 때도 있다. 서류를 작성한 사람이 이런 세세한 부분까지 신경 쓰지 않은 태도가 못마땅한 것이다.

만약 여기서 '폰트 좀 잘 맞춰줄래요?'라고 주의를 주면 상대는 '아…….. 네' 하면서 내가 좀 까탈스럽다는 반응을 보일지도 모른다. 그는 아마도 '그런 것보다 내용을 잘 보란 말이야!' 하고 생각할지 모른다. 이런 감정의 차이는 나의 '세세한 부분까지 신경 쓰는 능력' 내지는 '통일감이나 조화를 중시하는 능력'에서 나온 것이다.

나의 친구들을 예로 들어보겠다. B는 회식을 할 때 한자리에 계속 앉아서 분위기 처지는 재미없는 이야기만 늘어놓는 사람을 보면 화가 치민다고 한다. 반면에, 나는 그런 생각을 해본 적이 없다. 나에게는 없지만 B에게는 있는 화의 포인트인 셈이다.

이러한 화는 B가 재미있는 이야기로 분위기를 띄우는 것에 가치를 두고 있기 때문에 생기는 감정이다. 그래서 그런지 확실히 B는 '대화로 즐거운 분위기를 만드는 잠재 능력'이 있다.

또 다른 친구 C는 상사에게 자신의 업무에 대해 진행 여부를 판단해 달라고 요청했는데, 자신의 의견이 배제되었다는 말을 들었다고 한다. 내용 자체의 가치는 외면하고 상사 본인의 출세 여부로 이해관계를 따지는 모습이 뻔히 보이는데도 뭔가 정당한 이유가 있는 것처럼 포장해서 이리저리 둘러대는 모양새가 너무나 꼴불견이었다.

C에게는 '일의 본질을 간파하는 잠재 능력'이 있을 수 있다. 그래서 본질을 무시하고 자기 편의대로 업무를 처리하는 상사를 보고 화가 난 것이다.

그런가 하면 D는 회의가 끝나가는 와중에 새로운 의견을 제시하거나 질문을 하는 사람을 보면 화가 치민다고 했다. 오랜 회의시간에 지친 나머지 하품을 하는 사람도 있는 판국에 느닷없이 회의의 주제와는 상관도 없는 질문을 던지는 사람도 있다.

그러면 누구라도 공감 능력이라곤 털끝만큼도 없는 그 사람에게 화가 난다. 평소에 D를 보면 '자리의 분위기를 잘 살피고 배려하거나 마찰과 충돌을 최소화하는 능력'이 있다는 걸 느낀다. 그래서 분위기를 파악하지 못하는 행동이 못마땅한 것이다.

일상을 꾸려가면서 행하는 모든 행동에

이처럼 잠재 능력은 형태가 다양할뿐더러 잘 드러나지 않는 경우가 많다. 재능이라고 하면 올림픽에 출전하는 선수의 신체 능력이나 세계적인 음악 콩쿠르에서 입상할 정도의 화려한 예술 감각을 떠올리는 사람이 많은데 이런 생각에서 벗어나야 한다.

우리가 일상을 꾸려가면서 행하는 모든 행동에 자신의 잠재 능력이 숨어 있다. 설령 그것이 사소하고 하찮은 일이라도 밖으로 끄집어내어 삶의 곳곳에서 활용한다면 남보다 앞서가는 당신을 만들게 될 것이다.

재능은 당신이 당연하다는 듯이 해내는 일과 당연하다는 듯이 생각해 내는 것에 숨어 있다. 상식은 자기 재능의 조합인데, 어떤 사람은 자신의 상식에서 벗어난 행동을 하는 사람을 보면 화가 치민다.

'어째서 이런 간단한 일을 제대로 할 수 없는 거지?', '어째서 이렇게 중요한 걸 놓치는 거야?' 하고 화를 내는 것이다. 이렇게 짜증이 나고 화가 나는 일이 있다면 기회라고 생각하고 다음과 같이 메모를 해보자.

☑ FIND YOUR STRENGTHS 03

01 누구의 어떤 행동에 화가 났는가?

----

02 그 사람이 어떻게 행동했다면 화가 나지 않았을까?

----

03 당신이라면 그 상황에서 어떻게 하겠는가?
    자신의 특성과 어떤 관계가 있는지도 생각해보자.

화가 난 순간에 냉정을 찾고 왜 그런지 되짚어보는 것은 원만한 인간관계는 물론이고 감정 관리에도 도움이 된다. 예를 들어 '일을 완수하려는 잠재 능력'이 있는 사람은 어찌 됐건 프로젝트를 끝내려고 엄청나게 노력한다.

반대로 '아이디어가 계속 넘치는 잠재 능력'이 있는 사람은 '이런 새로운 방법이 있어!', '지금까지는 없었던 방법을 찾았어!'라며 몇 번이고 프로젝트를 뒤엎으려고 한다.

전자의 입장에서 볼 때 후자의 행동은 믿음이 안 간다. '왜 지금 와서 그런 말을 해요?'라며 새로운 아이디어를 제시할 때마다 화가 끓어넘친다.

그런데 이러한 화의 원인이 서로의 잠재 능력 차이에서 기인하다는 사실을 알고 있다면 어떨까? 이런 사실을 알면 '내가 화가 난 이유는 내게 일을 완수하려는 잠재 능력이 있기 때문이야!', '상대가 몇 번이고 새로운 제안을 갖고 오는 것은 아이디어가 풍부하다는 잠재 능력이 있기 때문이야!' 하는 식으로 서로의 강점을 인식할 수 있다.

사람은 보이지 않던 것이 보이고, 모르던 것을 알게 되면 불안감이 줄어든다. 서로가 잠재 능력이 다르다는 사실을 알면 사태를 수습하기 위해 '일을 빨리 끝내려는 생각은 좀 접어두자', '생각나는 대로 무턱대고 아이디어를 제안하는 것은 삼가자'와 같은 식으로 이상적인 업무 방식을 고민할 수 있다.

화 뒤에 잠재 능력이 숨어 있다는 사실을 기억하고, 부정적인 감정이 울컥하고 생기면 자신의 잠재 능력을 알아차릴 수 있는 절호의 기회로 삼자.

🔑 **KEY POINT**

일상을 꾸려나가는 모든 행동에 자기만의 잠재 능력이 숨어 있다. 설령 사소하고 하찮은 일이라도 밖으로 끄집어내어 삶의 곳곳에서 활용한다면 앞서가는 당신을 만들게 될 것이다.

05 내가 누군가를 대신해서 해낸 일

대수롭지 않은 일로 기쁨을 줬다면

남들에게 '고마워요', '도움이 됐어요'라는 말을 들었다면 잠시 생각해보자. 어쩌면 '고마워요'라는 말을 듣게 된 행동에 당신의 잠재 능력이 숨어 있을지 모르니 말이다.

상대가 감사하는 모습을 보고 '당연한 일을 했을 뿐인데 이렇게 기뻐하는구나!' 하고 새삼스러웠던 적은 없는가? 이는 아무 노력이나 수고도 없이 누군가를 대신해서 대수롭지 않게 한 일이 기쁨을 줬을 만큼 당신의 재능이 발휘되었다는 뜻이다.

내가 참여하고 있는 어떤 인터넷 커뮤니티에는 마감일이 촉박해지면 '곧 마감일이에요!' 하며 회원들에게 공지해주는 사람이 있다. 그 사람이 마감일을 기억하는 건 그리 어렵거나 귀찮지가 않은 일이다. 그야말로 평소 습관이며 매우 계획적이기에 생긴 '업무 관리 잠재 능력'을 발휘해서 다른 사람들에게 도움을 주는 것이다.

함께 있으면 왠지 모르게 말을 많이 하게 하는 친구가 있다. 이런 친구에게는 마음속에 응어리진 고민을 하소연할 수 있다. 이야기를 다 하고 나면 문제가 정리되고 기분이 한결 좋아진다. 아마도 그에게는 '남의 이야기를 잘 듣는 잠재 능력'이나 '공감을 잘하는 잠재 능력'이 있을 가능성이 높다.

동료가 멋진 아이디어를 냈을 때 '그걸 어떻게 실현시킬 건가요?', '다른 부서에서 반대할 텐데 어떻게 설득할 건가요?' 하고 절차적인 문제를 질문하는 사람이 있다. 이런 질문은 한편으로는 거북스럽게 들릴 수 있지만 프로젝트를 무사히 완수하고 나면 '그때 혹시 일어날지도 모르는 리스크를 고민하게 해줘서 큰 도움이 됐어요' 하고 감사의 말을 전하게 된다.

이런 사람에게는 '리스크나 위험을 감지하는 잠재 능력'이나 '신중하게 일을 처리하는 잠재 능력'이 있다고 생각된다.

반대로 자신이 어떤 상황일 때 상대에게 진심으로 고맙다는 말을 하는지도 생각해보자. 생각지도 못한 해결책을 제시받았을 때, 업무상 도움을 줄 수 있는 사람을 소개받았을 때, '당신의 판단이 맞아요!'라며 든든한 지원을 받았을 때 등 여러 가지 상황을 생각해볼 수 있다.

'고마워요', '도움이 됐어요' 같은 감정을 느낄 때는 당신이 못하는 일을 누군가가 대신 해준 때일지 모른다. 남에게 의지가 됐을 때, 남을 도왔을 때, 감사의 말을 들었을 때, 감사를 느꼈을 때 등의 일들이 일어났을 때에는 어떤 잠재 능력이 발휘되었는지 잘 생각해보기 바란다. 메모를 해두고 공통점을 찾다 보면 당신의 강점과 약점이 보이기 시작할 것이다.

세 번 이상 같은 일로 고맙다는 말을 들었다면 그것은 훌륭한 잠재 능력이 있다는 증거가 된다. 당신은 그 재능으로 큰 가치를 창출하고 있는 셈이다. 다음번에 기회가 온다면 의식적으로 잠재 능력을 발휘해서 '강점'으로 발전시키는 노력을 해보자.

반대의 경우도 있다. 최선을 다해 남들에게 도움을 베풀었

01 최근에 남들에게 고맙다는 말을 들은 적이 있는가?
    있다면 무슨 일 때문인가?

    ----

02 만약 상대가 고맙다고 한 이유를 안다면 구체적으로
    적어보자.

    ----

03 최근에 남들에게 고맙다는 말을 들은 적이 있는가?
    있다면 무슨 일 때문인가?

    ----

04 최근에 남들에게 고맙다는 말을 들은 적이 있는가?
    있다면 무슨 일 때문인가?

는데, 고맙다는 인사는커녕 싫어하는 기색이 농후하다면 그 이유를 살펴야 한다. 왜 나의 친절을 싫어하는 것일까? 그것은 당신의 배려에 대한 거부감일 수도 있지만, 그러한 과잉 친절이 그에게 부담이 되어 그럴 수도 있다.

그렇다면 그동안 그런 일이 얼마나 잦았는지 돌아보고 남들에 대한 친절이나 배려를 조금 줄일 필요가 있다. 남에게 부담을 주는 친절은 한발 뒤로 물러서서 가만히 지켜보는 침묵보다 못하기 때문이다.

이런 일은 우리 주변에서 흔하게 일어난다. 누구보다 앞장서서 일을 하는 걸 좋아하는데 그때마다 주변의 반응이 시큰둥하다면, 당신의 일을 하는 태도에 문제가 있을지 모른다. 너무 적극적인 성격이 남들에게 너무 소란스럽고 뻐기는 행동으로 비칠 수도 있기 때문이다.

누군가를 대신해서 일하더라도 정도를 지켜야 한다. 타인의 범주를 함부로 침범하지 말고 보이지 않는 한계 안에서 조용히 행동하자. 요란스럽게 자신을 드러내지 말고 조용히 몸을 낮추자. 그렇게 행동하면서도 남들에게 좋은 영향력을 끼칠 수 있는 사람은 정말로 훌륭한 강점을 가진 사람이라고 할 수 있을 것이다.

🔑 KEY POINT

너무 당연한 일을 했을 뿐인데, 감사의 인사를 받은 적이 있는가? 작은 친절을 베풀었을 뿐인데, 남에게 큰 도움이 된 적이 있는가? 그것은 바로 당신의 잠재 능력이 발휘되었음을 뜻한다.

06 타인의 반응을 보고 재능을 탐색하라

상대를 이해하는 능력이 부족하다면

자신의 감정과 행동을 분석해서 '나는 어떤 사람인가?' 하고 알아가는 일은 너무나 중요하다. 그렇지만 이것은 매우 어려운 일이기도 하다. 혼자서는 아무리 궁리해봐야 정보가 한정적이기 때문에 편향적인 생각에 그치기 십상이다.

그런 의미에서 '남들의 반응_{피드백}'은 매우 큰 의미가 있다. 특별히 새로운 방법은 아니지만 여러 가지를 시도해본 결과 역시 이만한 방법이 없었다. 이 장은 타인이 건네는 피드백의 중요성을 깨닫는 이야기이다. 잠재 능력을 찾아내는 일에는 피드백 분석이 최고이다. 이 방법이 얼마나 효과적인지 내가 경험한 사례로 설명하겠다.

도쿄에서 15개의 지점을 운영하는 한 카페 체인의 CEO가 소노스 스피커를 대량 구매했다. 나는 그에게 굳이 소노스를 선택한 이유를 물었다. 스피커라면 지명도가 높은 다른 브랜드가 많기 때문이다. 나는 이 질문에 대한 대답으로, 소노스라는 브랜드에 대한 강점을 다음과 같이 말해줄 것으로 기대했다.

"소노스의 강점은 세계 최고의 판매 실적과 소프트웨어의 편리성 때문입니다."

이런 답변을 예상하고 이야기를 나눴는데 예측은 보기 좋게 벗어났다. 내 생각과 고객의 생각이 전혀 달랐던 것이다.

"소노스 제품의 장점은 잘 알고 있지만 그게 결정적인 이유는 아니었어요. 그렇다고 가격이 저렴한 편도 아니고요. 그것보다는 소노스의 마케터가 우리 점포의 상황을 잘 이해해줄 거라고 생각했기 때문이에요. 그러니까 제가 편하다는 게 이유였어요."

의외의 답변이었다. 만약 나 같은 착각 속에서 업무를 계속 이어갔다면 큰 사달이 났을지 모른다는 생각이 들었다. 그 일이 있은 뒤부터 나에겐 '고객을 이해하는 능력'이 부족하다는 사실을 알게 되었다. 이후 고객과 만날 때 어떤 행동을 취할지도 분명해졌다. 고객의 입장을 보다 더 세밀히 살피는 데 시간을 할애하기로 한 것이다.

일반적인 기업들에는 일상적으로 피드백을 구하는 문화가 거의 없다. 그래서 피드백을 하는 쪽도, 받는 쪽도 모두 익숙하지가 않다. 예를 들어 부하직원이 만든 자료를 받을 때 '수고했어!' 한 마디로 끝내는 상사가 적지 않다. 자료를 체크해서 장단점을 체크해주는 문화가 별로 없다는 얘기다.

상사들은 주로 부하직원이 고쳤으면 하는 부분, 잘못한 부분만 피드백하는 경우가 많다. 그렇게 되면 부하직원 입장에서는 서툰 부분만 지적 받기 때문에 잘하는 게 뭔지 알 길이 없다.

일본 특유의 조심스러워하는 문화도 피드백을 받을 기회를 빼앗는다. '일일이 다 말해줘야 알아듣겠어요?', '말하지 않아도 알아서 할 수 있잖아요?', '일부러 물어보기도 애매해서요…….' 대개 이런 분위기가 지배적이다.

식당에 갔을 때 동료가 '뭐 먹고 싶어요?'라고 물으면 '아무거나요'라고 답하는 사람이 많다. 자신의 기분이나 욕구를 표현하는 것을 조심스러워하고, 자신의 생각을 드러내지 않고 상대에게 맞추는 것을 선호한다. 이렇게 피드백이 없고 자신을 드러내지 않는 문화는 필연적으로 자기인식을 차단한다.

그가 번번이 인간관계에 실패하는 이유

심리학자 타샤 유리크는 자기인식의 네 가지 원형 내면적 자기인식과 외면적 자기인식의 매트릭스을 정의했다. 내면적 자기인식은 '스스로 자기를 얼마나 파악하고 있는가?'이고, 외면적 자기인식은 '타인의 인식을 얼마나 이해하고 있는가?'를 의미한다.

타샤 유리크는 자신의 저서 《자기통찰Insight》을 통해 내적인 자기인식도가 높아도 외면적 자기인식도가 낮은 사람은 타인의 의견을 수용하여 자신의 생각을 의심해보거나 맹점은 없는지 살피는 행동을 하지 않는다고 지적했다.

또한 그런 사람은 번번이 인간관계에 실패하고, 성공을 하더라도 금세 한계에 직면하게 된다고 덧붙였다.

남들은 알지만 나는 모르는 영역이 있다. 그것은 분명히 가장 받아들이기 힘든 영역에 해당할 것이다. 우리 모두에게는 저마다 다른 버릇, 습관, 성향이 있다. 그런데 남들의 눈에는 훤히 보이는데 정작 자신은 알지 못하는 부분에는 눈을 돌리지 못한다.

자신의 맹점을 살피고 자신의 이면에 숨겨진 부분을 탐색하고, 이해하자. 그런 노력이 가식 없는 나, 진실한 나로 살아갈 수 있게 만든다.

남들에게 피드백을 해주는 일은 그리 간단한 문제가 아니다. 그러나 분명한 사실은 다른 사람들이 당신의 피드백을 기다리고 있다는 점이다.

다른 사람들이 당신의 피드백을 바라는 것은 다시 말해서 '신중한 당신의 고견을 들려주세요!'라고 요청하는 것과 같다. 자신의 생각이나 의견을 소중히 생각하는 사람을 나쁘게 볼 사람은 없다. 그렇다면 자기인식을 높이기 위해 '누구에게 어떻게' 물어야 할까?

직속 상사나 중요한 고객 등 이해관계가 있는 사람에게 갑자기 물어보면 관계 유지가 우선이기 때문에 솔직한 의견을 기대하기 어렵다. 참고는 할 수 있지만 선입관이 완전히 배제

되지 않는다는 사실을 유의해야 한다. 물어볼 내용은 상황에 따라 다르겠지만 다음과 같은 내용을 기본으로 하면 상대도 답변하기 편할 것이다.

☑ **FIND YOUR STRENGTHS 05**

피드백을 해주기 바라는 상대로 적절한 사람

- 나와 이해관계가 없어 가볍게 피드백을 할 수 있는 사람
- 나의 업무나 사생활을 잘 아는 사람

예를 들면 다음과 같은 사람들

- 이해관계가 없는 옛 친구
- 함께 일한 적이 있는 전 직장 동료
- 자신의 업무 스타일을 잘 아는 타 부서의 선배

다음은 테크놀로지 기업에 근무하는 미국인 친구가 회사를 그만둘 때 업무상 알게 된 사람들에게 실시한 앙케트다. 회사를 그만두는 상황이었기 때문에 회사의 상사나 선배, 동료, 부하, 후배, 고객 등 가능한 한 다양한 속성을 지닌 사람들을 대상으로 삼았다.

- 내가 도움이 되는 부분이 있는가? 왜 그렇게 생각하는가?

- 내가 도움이 안 되는 부분이 있는가? 왜 그렇게 생각하는가?

- 앞으로도 나와 같이 일하고 싶은가? 왜 그렇게 생각하는가?

그 친구는 그만두는 사람에게 협조적인 심리를 이용해서 피드백을 요청했다고 말했다. 괜찮은 아이디어라고 생각한 나도 이직할 때마다 이런 앙케트를 실시했다. 미국에 비해 이직 기회가 적은 일본에서는 인사 이동 시점에 이것을 활용해 보면 좋을 것이다.

질문은 내용이나 형식이 달라도 상관없다. 상대에 맞춰 질문사항을 수정해도 된다. 중요한 것은 자신의 기질이나 강점, 약점을 솔직히 들을 수 있는 질문이면 된다. 이때는 다음 다섯 가지 원칙이 있다.

1. 이야기를 꺼낼 때 먼저 다음과 같이 양해를 구한다.

   "이직을 고려 중인데, 내가 내세울 만한 강점을 알고 싶어요."

   "나에 대해 객관적인 의견을 듣고 싶어요."

   갑자기 질문하면 상대도 놀라기 때문에 질문의 의도를 미리 알려줘

   서 답변하기 쉽도록 하자.

2. 욕심내지 말고 한 가지 질문으로 충실한 답변을 얻자.

3. 답변이 장난스러워도 신경 쓰지 말고 다른 사람을 찾자.

4. 상대가 솔직할 수 있도록 편안한 분위기를 만들고 '생각나는 건 뭐든 좋아요', '무슨 말을 해도 화내지 않을게요' 같은 낙관적인 모습을 보이자.

5. 이상 열거된 사항의 원칙에 주의하며 다음 내용을 실천하자.

   - 많은 사람에게 물을 것.

   - 계속 물을 것.

   - 가능한 한 나이와 속성이 다른 사람에게 물을 것.

앙케트와 같은 식의 피드백뿐만 아니라 평소에도 습관적으로 자신을 알 수 있는 기회를 찾아보는 방법도 좋다. 친한 친구나 동료, 지인에게 자신에 대한 질문을 해보자.

☑ FIND YOUR STRENGTHS 06

01 나의 강점은 무엇이라고 생각하는가?

02 나의 성격이나 행동 중에 바꿨으면 하는 게 있다면 하나만 들어보자.

주변의 의견을 있는 그대로 받아들이지 마라

나는 퇴직 후 앙케트나 친구에게 질문한 내용, 일상 대화 등을 통해 알게 된 나 자신의 평가에 대해 엑셀파일로 기록하고 있다. 기록을 쌓아 가면 내가 어떻게 변해왔는지 알 수 있어 좋다.

기록들을 읽다 보면 왠지 모를 미소가 입가에 맴돌기도 한다. 특히 나 자신이 구제불능 결점투성이 인간처럼 느껴질 때 이 메모들을 읽으면 자기긍정감이 무럭무럭 되살아난다.

생각지도 못한 피드백을 받을 때도 있는데, 전혀 뜻밖의 말을 들었다면 실제로 자신에게 그런 성향이 있는지 평소에 주의 깊게 관찰하자.

또한 성격이 다른 다양한 사람에게 질문했는데도 한결같은 의견일 때가 있다. 자신에 대한 인상이 여러 사람들에게 비슷하게 보인다는 것은 바로 그 모습이 '외면적 자기'이고, '타인이 본 자신'일 확률이 높다. 혹시 당신이 바라는 모습이 아닐지라도 자신을 파악하는 데 중요한 힌트이므로 소중하게 생각해야 한다.

자신도 몰랐던 자기의 일면을 알기 위해서는 제3자의 객관적인 목소리가 무엇보다 중요하다. 사람들에게 물어보다가 혹시라도 자신의 잠재 능력을 찾는 또 다른 사람을 만난다면 행운이다. 정기적으로 교류를 갖고 자기인식에 대한 이야기를 나누거나 상담을 할 수 있으니 말이다.

그리고 마지막으로 마음에 새겨야 할 말이 있는데 '모든 의견을 곧이곧대로 받아들이지 말라'는 것이다. 지금까지의 주장과는 상반되는 말이지만, 사람은 의외로 제멋대로인 경우가 많다. 어제의 의견과 오늘의 의견이 다른 경우도 흔히 볼 수 있다. 눈앞의 일만 보고 필요 이상으로 비판적인 반응을 보이는 사람도 있고, 쓸데없는 일에 시시콜콜 참견하는 사람도 있다.

모든 피드백을 진심으로 받아들이지 말고 데이터로 축적하여 공통점이나 경향을 찾아내는 일이 중요하다. 그렇기 때문에 가능한 한 많은 데이터를 입수해야 한다.

07 정기적으로
코칭을 받아라

새로운 자신에 눈을 떠라

자기인식에 흥미가 생기면, 대부분의 사람은 곧장 자신을 되돌아보는 시간을 늘리거나 적극적으로 피드백을 요청한다. 이 책을 읽고 바로 실행에 옮기겠다고 다짐하는 사람도 있을 것이다.

하지만 많은 사람들이 지속하지 못하고 실패하고 만다. 잠시 해보다가 그만두는 경우가 허다하다는 얘기이다. 의욕이나 열정이 사라지거나 바쁘다는 핑계로 게을러지기도 한다.

이럴 때 옆에서 자기인식의 정확도를 높이는 훈련을 도와주는 사람이 있으면 매우 효과적이다. 코치와의 정기적인 상담으로 자신을 되돌아보는 시간을 갖는 것은 물론이고 생각을 정리하는 기회를 가질 수도 있다. 코치는 '목표 달성을 지원해주는 사람'을 말한다. 스포츠 세계에서는 코치가 일반적인데, 운동선수처럼 직장인이나 비즈니스맨들에게도 개개인의 행동이나 성장을 독려하는 코치가 필요하다.

내가 처음으로 전문 코치에게 코칭을 의뢰한 것은 2015년이다. 새로 팀을 꾸리게 되었는데 '리더로서의 내 강점은 무엇일까?'라는 생각이 불현듯 들기 시작한 것이 계기였다.

사실 처음 트레이닝을 받을 때까지는 코칭에 대해 회의적이었다. 솔직히 말하면 코칭은 실체가 없는 미심쩍은 것이라고 여길 정도였다. '내 능력은 내가 제일 잘 알아. 남이 어떻게 할 수 있는 게 아니야!'라는 생각도 했다.

그런데 다양한 경험이 있는 전문 코치와 정기적으로 이야기하면서 그런 생각은 180도 달라졌다. 혼자서 자기인식을 할 때는 '일반도로'를 달리는 기분이었다면, 코치와 함께할 때는 '고속도로'를 달리는 기분이었다. 새로운 자신에 눈을 뜨는 속도나 만족감이 상상 이상이었다는 뜻이다.

코치가 직접 조언하는 경우는 극히 드물다. 그 대신 많은 질문을 던진다. 코칭을 받을 때는 항상 나 자신을 돌아봐야 하기 때문에 뇌가 지친다.

- 자기 자신이 어떤 사람이라고 생각하나요?
- 리더십을 조화라고 정의하셨는데, 왜 그렇게 생각하나요?
- 당신에게 좋은 팀이란 무엇을 말하나요?

개인의 능력을 계발하는 데 매우 중요한 것

이런 물음들은 지금까지 누구에게도 진지하게 들어본 적이 없는 내용들이었다. 그리고 이런 질문을 받으면 알고 있다고 믿었던 것들도 언어로 표현하려고 하니 쉽지가 않았다. 말문이 막힌다고 할까? 너무나 당연한 일임에도 진지하게 생각해본 적이 없는 일들이 많다는 사실을 깨우치는 매우 신선한 체험이었다.

나는 이제 코칭이야말로 개인의 능력을 계발하는 데 아주 중요한 역할을 한다고 확신한다. '사람에게 물고기 한 마리를 주면 하루를 살고, 고기 잡는 법을 알려주면 평생을 산다'는 말은 코칭을 설명할 때 자주 하는 비유하는 표현인데, 이것이 바로 코칭의 핵심이다.

나의 코치는 이렇게 가르쳐주었다.

"지시는 방법을 알려주는 것이 아닙니다. 코치는 먼저 그 사람의 행동을 관찰하고 도움이 되는 피드백을 해요. 코치는 의표를 찌르는 질문을 해야 합니다. 그러면 상대는 생각하고 발견하며 탐구하는 과정을 가치게 됩니다. 코치는 실체를 부각시키는 질문을 던져서 문제를 개선하는 데 도움을 줍니다."

코치와 대화하면서 첫해는 3개월에 한 번씩, 이듬해부터는 6개월에 한 번씩 정기적으로 코칭을 받았다. 이런 만남은 이른바 자기인식의 정확도를 정기적으로 높이는 시간이었고, 시간이 지나면서 리더로서의 능력이 향상된다는 사실을 실감했다. 업무를 관리 감독하는 리더에서 코치 역할을 하면서 학습하는 팀을 추구하는 리더로 변모할 수 있었다고 자부한다.

자기인식이 얼마나 중요한지 이해하고, 자신을 올바르게 파악하려고 노력해도 일상적인 문제들이나 인간관계, 정신 없이 바쁜 일과 속에서 살다 보면 게을러지고 만다. 그래서 나는 코치와의 정기적인 대화로 자기인식을 계속 탐구하는 방법을 실천했다. 자신과 잘 맞는 코치를 찾으려면 스스로 적극적이어야 하고 그렇게 하면 놀랄 정도로 많은 코치들이 당신을 도우려고 할 것이다. 왜냐하면 코치들은 자신의 강점을 활용해서 타인에게 공헌하기를 바라기 때문이다.

그렇다면 코치를 어디서 만날 수 있을까? 지금은 온라인으로 서비스를 저렴하게 제공하는 회사들도 있다. 또 나처럼 스트렝스 코치® 자격을 취득해서 개인적으로 활동하는 사람도 있다. 후자의 경우, 다소 시간과 비용이 들지만 자기인식의 정확도를 높이는 파트너를 찾을 수 있는 선택지로 추천할 만하다.

코치 선별 기준은 코칭을 받는 쪽의 느낌이나 생각에 따라 천차만별이므로 딱 부러지게 말하기가 힘들다. 다만 코치 자신이 평소에 코칭을 받지 않으면 남에게 코칭을 할 수 없으니 이 점을 유의해야 한다.

🔑 **KEY POINT**

자기인식의 정확도를 높이는 훈련을 도와주는 코치가 옆에 있으면 효과적이다. 그와의 정기적인 상담으로 자신을 되돌아보고 생각을 정리하는 시간을 갖자.

08 모르고 있기에는 대가가 너무 크다

자기 안의 진실을 모르는 비극

사실 자기 자신과 마주한다는 것은 두려운 일이다. 마음에 들지 않는 부분, 잊고 싶은 과거, 자기만 알고 있는 콤플렉스들은 가능하다면 외면하면서 살고 싶다.

자신이 누구인지 알고 싶어 하는 사람들의 바람은 주식 투자와 비슷하다. 주가가 상승하면 사이트에 접속해서 몇 번이고 계속 차트를 체크한다. 반면에 주가가 하락하는 추세라면 점점 사이트에 접속하는 횟수가 줄고 각종 정보를 찾아보는 시간도 줄어든다.

사람은 기분이 좋아지는 긍정적인 정보에는 적극적인 반면에 기분을 해치는 부정적인 정보는 차단하려는 경향이 있다. 대학입시의 결과를 알기 전까지는 합격자 번호가 게시된 곳에 직접 가지 못하는 사람이 있다. 부모나 친구에게 먼저 확인을 요청하고 합격 사실을 알고 난 후에야 비로소 확인하러 간다.

큰 병에 걸렸을까 봐 두려운 나머지 건강 진단 결과를 일부러 보지 않는 사람도 있다. 가능한 한 빨리 확인해서 문제가 있다면 조속히 치료하는 것이 이치적으로 맞지만 뭔가 마음이 내키지 않는다. 이처럼 많은 사람이 '진실 확인'을 두려워한다.

이런 공포심은 자기인식을 왜곡하는 원인이 된다. 진실을 확인하는 게 두려운 사람은 '타인의 피드백=자기 자신이 부정된다'는 인식을 갖고 있기 때문에 주위 사람들에게 나를 어떻게 생각하는지 묻지 못하는 것이다.

남들에게 비치는 자신을 모른 채 살아가는 건 상황에 따라서는 큰 손실을 초래하기 때문에 몹시 위험하다. 진실을 액면 그대로 직면하는 것에 삶의 열쇠가 있다는 사실을 잊지 말자.

우리는 자신의 평가와 타인의 평가가 터무니없이 다른 사람들을 흔히 본다. 〈아메리칸 아이돌American Idol〉이라는 미국 버라이어티 방송이 있는데, 일반인이 노래 경연을 펼치고 우승한 사람에게 상금과 데뷔할 기회를 준다.

이 오디션을 보고 있으면 자기 딴에는 노래를 잘한다고 착각하는 사람이 엄청 많다는 걸 알게 된다. 본인은 의욕이 넘치지만 자기 안에 있는 진실을 모르니 듣는 사람은 괴롭기만 하다.

이런 상황은 얼마든지 찾아볼 수 있다. 자신은 사교성이 좋고 상냥하다고 생각하지만 실제로는 회의에서 동료들을 졸음에 빠뜨리거나 '나는 정말 좋은 부모야!'라고 자신하지만 실제로는 아이들을 속박하고 간섭하는 부모도 있다. 이렇듯 남들은 그렇게 생각하지 않는데 자신은 자신감 넘치는 민망한 상황을 우리는 의외로 자주 접한다. 이런 광경은 자신의 잠재 능력을 몰라 정작 발휘해야 하는 재능을 잘못 선택한 것이다. 이래서는 비즈니스에서는 물론, 일상생활에서도 원하는 성과를 올릴 수 없다.

자신의 약점을 정확히 안다는 것은

자기인식의 정확도를 높이기 위해서는 자신의 겉과 속을 ·정확히 알아야 한다. 자신의 장점만 보고 이상적인 모습을 그리는 것은 분명 즐거운 일이지만, 자신의 단점을 받아들일 각오가 없으면 현실에서 성과를 내기가 어렵다.

이것은 자기만의 강점을 만들기 위해 반드시 필요한 과정이다. 단점을 외면하면서 살고 싶지만 언젠가 생각지 못한 형태로 드러날지 모른다. 실패나 좌절을 맛봤을 때처럼 자신의 부족한 부분과 마주해야 할 때가 반드시 온다. 어차피 알게 될 거라면 빠를수록 좋다. 모르고 있기에는 그 대가가 너무 크다.

그렇다면 다른 사람들에게 부정적인 피드백을 받았을 때는 어떻게 받아들여야 할까? 정답은 없지만, 나만의 대처법을 소개하겠다. 나는 실제로 예전에 부하 직원들에게 '팀장님은 리더십이 없어요!'라는 말을 들은 적이 있다.

이 말을 듣는 순간 나도 모르게 욱하고 화가 치밀어 올랐다. 상처가 컸던지 나중에는 우울하기까지 했다. 그런 식으로 부정적인 말을 들으니 감정이 크게 흔들렸던 것이다.

하지만 냉정하게 생각해보자. 남에게 그런 소리를 들었다고 감정이 흔들린다는 것은 '신경이 쓰였는데 고치지 못한 것'이거나 '고쳤다고 생각했는데 실제로는 그렇지 않은 것'을 지적받았을 때일 가능성이 높다.

객관적으로 자신을 살피기 위해서는 피드백의 내용과 자신의 생각을 분리할 필요가 있다. 마치 유체이탈을 하듯이 자신에게서 빠져나와 외부에서 자신을 응시한다는 이미지로, 마치 타인을 보는 것처럼 피드백을 받은 자신을 검증하는 것이다. '이 사람은 나에게 리더십이 없다고 하는데, 어떤 점이 그런 것일까?' 하고 제3자의 입장에서 생각해본다.

그리고 이때는 부정적인 피드백의 내용과 그런 피드백을 해준 사람도 분리해서 생각해야 한다. 보통 부정적인 정보를 제공한 인물을 호의적으로 생각하기는 쉽지 않기 때문이다.

심지어 '이 따위 피드백을 하는 사람이 잘못된 거야!'라며 정보 제공자에게 문제가 있다고 생각한다. 이런 때는 피드백을 해준 인물과의 관계는 일단 제쳐두고 내용만 고려해서 자신을 성장시키는 피드백인가를 검토해야 한다.

부정적인 피드백을 해준 상대에게 '그렇다면 어떤 점을 개선해야 좋아질까요?'라고 물어보는 것도 좋은 방법이다. 예를 들어 리더십이 없다는 말을 들으면 일단 그것이 자신의 약점이라고 가정하고 '어떤 강점을 발휘해야 약점을 보완할 수 있을까'라는 시점에서 생각해보자.

자신의 약점을 안다는 것은 어느 모로 보나 좋은 일이다. 약점을 뒤집으면 강점이 되기 때문이다. 단점도 잘 활용할 수 있으면 장점으로 바꿀 수 있듯이 말이다.

그리고 반복해서 말하지만 모든 피드백을 곧이곧대로 받아들일 필요는 없다는 사실을 다시 한 번 상기해주기 바란다. 대부분의 피드백은 가능한 한 수용하는 게 좋지만, 잘못된 충고도 있을 수 있고 단순히 비판을 위한 의견도 있을 수 있다.

나도 모든 사람의 말을 참고하지는 않는다. 애정을 가지고 이야기해주는 사람이나 공평하다고 믿는 사람, 사람 보는 안목이 있는 사람의 목소리에 귀를 기울인다. 일단 이야기는 듣지만 나의 성장에 도움이 안 되거나 필요가 없다고 판단하면 한 귀로 듣고 한 귀로 흘려버린다.

🔑 KEY POINT

자신의 단점을 받아들일 각오가 없으면 인생을 돌파할 무기의 효능은 떨어진다. 그러니 진심을 다해 나의 부족한 점을 말해주는 타인의 목소리에 귀를 기울이자.

09 자신과 마주하는 고독의 시간이 필요하다

자신을 돌아보는 시간을 갖자

주위 사람들의 피드백으로 얻을 수 있는 깨달음도 있지만 혼자 시간을 보내며 자신을 성찰하면서 얻을 수 있는 자기인식도 있다.

고독은 자아 성찰의 든든한 지원군이다. 혼자가 되어 자신을 돌아보는 동안 자기 자신에 대해, 그리고 삶에 대해 깊은 통찰을 얻을 수 있다. SNS나 메일, 앱 등의 알림이 난무하고 남들의 기대에 부응해야 해서 항상 신경이 곤두선 채 생활하는 현대인에게 혼자 있는 시간은 매우 중요하다.

자기인식을 연구하는 미국의 신경과학자 메리 헬렌 이모디노-양Mary Helen Immordino-Yang은 '대부분의 예술가와 철학자들에게 자신을 돌아보는 과정이 없었다면 독창적인 아이디어를 낼 수 없었을 것'이라고 말했다. 자기 자신을 들여다보며 대화하는 시간이 크리에이티브한 결과물을 낳는다는 얘기다.

자아 성찰은 마음이 자기를 향해 있을 때 가능하고, 고독에 의해 더욱 깊어진다. 그런 뜻에서 '혼자만의 여행'도 자기인식을 높이는 방법의 하나다. 혼자 떠나는 여행은 말 그대로 일상에서 벗어나 혼자가 된다는 것이 장점이다.

해외로 나가면 평소에 쓰던 언어로 커뮤니케이션할 수가 없다. 버스를 탈 때는 물론이고 쇼핑을 하거나 호텔 직원에게 질문을 할 때도 의사전달이 원만하지가 않다.

이렇듯이 여행은 평소의 방식이 통용되지 않는 장소에 몸을 던지는 것과 같다. 평소에 자신이 사교적이라고 생각하던 사람도 기차표를 사는 방법을 몰라 질문하는 데 오랫동안 머뭇거리게 될지도 모른다. 반대로 내성적이던 사람이 현지인들과 교류하는 즐거움을 만끽하는 자기 모습에 놀라기도 한다.

일상에서 벗어난 세계, 누구 하나 기댈 사람이 없는 환경이기 때문에 자신에게 집중할 수밖에 없다. 그렇기 때문에 그 속에서 깨달음을 얻을 수 있는 것이다.

여행은 멀리서 고향에 있는 자신의 모습을 바라보는 기회라는 말이 있다. 그러다 보면 자신이 어떻게 살아왔는지 보이고, 어떻게 살아야 할지 답을 찾게도 된다. 정말 좋은 자기인식의 기회인 것이다. 자주 떠나는 것, 그렇게 떠나서 현지의 풍광이 아니라 자신을 바라보는 것, 그게 진짜 여행의 맛이다.

🔑 **KEY POINT**

자기인식을 높이고 싶다면 일상에서 벗어나 혼자만의 여행을 떠나보라. 누구에게도 기대지 않고 자신을 돌아보는 시간을 통해 자신이 누구인지 생각해보라.

10 자신을 표현하는 응원가를 만들어라

나를 다시 일어서게 하는 응원의 말

나는 어떤 폭언이나 냉대에도 냉정을 유지하는 사이보그 같은 비즈니스맨이 되기를 동경했었다. 커다란 변화 앞에서도 바위처럼 꿈쩍도 않고 차분히 상황을 판단하는 사람 말이다. 하지만 친구나 동료들에게 내가 어떤 사람인지를 물어보면 돌아오는 대답은 늘 정반대였다.

나는 어떤 사람인가 하면 화가 나면 얼굴이 금세 붉으락푸르락해지고 복받치는 감정이 생기면 남들 앞에서도 눈물이 터지며 조금이라도 기쁜 일이 생기면 순수하게 좋아하는 기분이 드러난다. 사실은 인간미라곤 털끝만큼도 없는 사이보그와는 거리가 한참 먼 사람인 것이다.

사람은 노력하면 뭐든 될 수 있다고 생각하고 싶지만 솔직히 말해서 현실은 그렇지가 않다. 아무리 기를 쓰고 노력해도 절대 다른 누군가가 될 수가 없는 것이다. 그렇지만 본래 타고난 잠재 능력을 찾아내어 꾸준히 발전시킨다면, 그것이 당신만의 삶의 무기가 되어 특정한 분야에서 성공할 수 있다.

앞서 말한 바와 같이 나는 주위 사람들에게 '나는 어떤 사람인가요?', '나에게 타고난 실제 재능은 뭐가 있을까요?'라는 질문을 하고 난 뒤에 받은 피드백을 수년에 걸쳐 기록해왔다. 이 기록을 살펴보면 여러 번 비슷한 말을 들었음을 알 수 있는데, 그것은 나에게 왠지 모르게 '응원가'처럼 들린다. 나를 위한 긍정적인 피드백은 자랑 같아서 다소 민망하기도 하지만 몇 가지 공개하기로 하겠다.

- 누구에게나 평등하게 대해줘요.
- 부하직원이나 후배에게 차별 없이 똑같이 대해줘요.
- 무슨 질문을 받으면 상대의 수준에 맞춰 설명해줘요.
- 사람을 끌어들이는 묘한 매력이 있어요.
- 나이차가 있어도 내 이야기를 잘 들어줘서 편해요.

이 같은 말들은 내가 상황에 따라 태도가 변하지 않는다는 점을 호의적으로 생각하는 사람이 많다는 뜻일 것이다. 그리고 사람들이 나의 경청하는 태도를 좋게 본다는 의미도 포함된다. 위에 예로 든 말들은 극히 일부로 대개 비슷한 말을 해준 사람이 많기에 나는 이것들이 나의 잠재 능력임을 알게 되었다. 물론 사람들의 피드백 중에는 부정적인 내용이 꽤나 많다. 여기서는 나도 모르고 있던 두 가지 성향을 소개하겠다. 이러한 부정적인 피드백이야말로 내가 남들에게 어떻게 보이는지 알게 된 계기가 되었고, 나에게는 또 다른 의미의 응원가가 되기도 했다.

첫 번째는 '당신은 전통적인 의미의 리더를 지향하고 있군요'라는 피드백이다. 전통적인 의미의 리더십이란 '자기가 모든 일을 파악하고 있어야 한다', '자기가 모든 일을 직접 처리해야 한다', '자신이 가장 강력한 발언권을 가져야 한다', '자신이 항상 표면에 드러나야 한다', '자신이 모든 일을 결정해야 한다'와 같은 생각을 하는 꼰대 같은 상사를 말한다.

상사가 전통적인 성향이 강하면 부하직원 입장에서는 '무슨 의견을 내도 통하지 않는다'고 생각하고 결국에는 아무 의견도 표명하지 않는 직원이 된다.

두 번째는 '결론을 서두르는 경향이 있어요. 그리고 혼자만의 생각으로 일을 처리하곤 해요'라는 지적이 있었다. 한번은 팀원이 'A라는 결과가 나왔어요. 이제 어떻게 하면 될까요?'라고 물었는데, 정보가 충분하지 않았음에도 내가 생각하는 결론을 고집했다.

결과적으로는 일이 엉망으로 틀어지고 말았다. 이럴 때는 두 가지 선택지가 있었을 것이다. 바로 결론을 내는 것과 상황을 충분히 알지 못하므로 결론을 잠시 뒤로 미루는 것이다.

이상적인 선택은 후자이지만, 나는 전자를 선택해서 실패하고 말았다. 가능하다면 부하직원이 자신의 강점을 살려 결론을 추출할 수 있도록 지원하는 방법을 선택하는 게 리더의 책임인데도 나는 그러지 않았던 것이다.

자신이 되고 싶은 인물상을 정하라

이런 피드백을 받고 나서 '나 혼자 모든 문제를 떠안을 필요가 없다', '내가 모르는 일은 곧바로 결정할 필요 없다' 같은 나름대로의 지침이 생겼다.

내가 이 장에서 말하는 주제어인 '응원가'는 바로 이런 다짐도 포함된다. 잘못이나 부족한 점을 깨닫고 스스로 고치면 그것 역시 나의 무기가 된다. 당신도 가능한 많은 사람의 피드백을 받아서 자신의 강점을 인식하고, 인생의 지침이 되는 응원가를 만들어가길 바란다.

이 두 가지가 교차하는 지점을 찾아보면 자신을 표현하는 키워드를 찾을 수 있다. 이른바 자기 자신에게 붙이는 해시태그#를 생각해보자는 것이다. 당신은 자신을 표현하는 말로 어떤 해시태그를 붙이겠는가? 또 남들이 어떤 해시태그를 붙여줄지 상상이 되는가?

☑ FIND YOUR STRENGTHS 07

타인이 본 강점	남들이 어떻게 생각하고 있을까?
자신이 본 강점과 바람	자신이 바라는 인물상

한번은 팀원들에게 '내가 무엇을 바꿔야 더 좋은 리더가 될 것 같아요?'라는 질문을 던졌더니. 한 팀원이 이렇게 답했다.

"부탁하는 방법이 서툰 것 같아요."

확실히 나는 부탁이 서툴렀다. 업무상 누군가에게 협력을 요청하거나 부하직원의 마음을 헤아려 기분 좋게 일할 수 있게 해주는 능력이 부족했다.

나의 어떤 부분을 강점으로 살려야 부탁하는 일을 능숙하게 잘해낼 수 있을까? 이런 고민을 거듭한 결과 '그가 말하면 어쩔 도리가 없이 들어줘야 해!' 하고 생각하는 관계를 구축하자는 결론에 이르렀다.

나는 프레젠테이션 능력에 뛰어나지 않다. 논리적으로 전략을 말하는 타입도 아니거니와 권위를 내세워 상대를 압도하는 사람도 아니다. 이런 능력으로 사람들을 이끌며 일을 한다는 것은 상상하기조차 힘들다.

반면에 상사나 고객, 동료, 후배, 친구에게 '그가 말하면 어쩔 도리가 없으니 부탁을 들어주자'는 말을 자주 듣는다. 내가 못하는 일이나 부족한 점을 그대로 드러내면서 '그러니까 협조가 필요해요'라는 솔직한 자세를 보여주면 주위 사람들도 기꺼이 손을 내밀어준다.

나는 남들에게 강한 이미지를 심어주는 카리스마 있는 리더가 되기를 포기한 뒤로 이번에는 미래 비전을 찾고 도전하는 설계자 같은 리더가 되기를 소망했다. 지금은 이런 소망도 처음에 비해서는 많이 희석되었지만, 리더가 기업의 미래를 담은 도판을 확실히 그려낼 줄 알아야 한다는 데는 지금도 변화가 없다.

그때 내가 롤모델로 삼았던 인물은 바로 미국의 석유왕 록펠러John D. Rockefeller였다. 록펠러 이전의 부자들은 정직과 근면을 바탕으로 재산을 모은 인물이라기보다는 온갖 속임수와 폭력으로 돈을 끌어모으는 사람들이 대부분이어서 폭력배라는 인상이 많았다. 그러나 록펠러는 이들과는 달리 세상의 흐름을 꿰뚫어보고, 미래를 예측하는 혜안과 남다른 열정으로 역사상 최고의 비즈니스맨이 된 인물이었다.

그는 남북전쟁이 한창이던 스무 살 무렵에 북군에게 소금과 돼지고기를 팔아서 막대한 이득을 취한 타고난 사업가였다. 그 뒤 이런저런 비즈니스로 사업 규모가 점점 커감에 따라 새로운 분야에 도전할 기회를 엿보고 있던 그의 눈에 들어온 것은 석유였다.

1800년대 중반에 펜실베이니아에 미국 최초의 유전이 뚫리자, 록펠러는 거기서 나오는 석유가 산업 윤활유와 등잔불 원료로 쓰일 가능성을 보았다. 미국 대륙에 있는 모든 산업체와 가정집이 석유를 사용한다면 거기서 나오는 막대한 돈은 얼마이겠는가? 그는 앞뒤 돌아보지 않고 석유산업에 뛰어들었다.

이때까지는 석유의 힘으로 작동하는 자동차가 탄생하기도 전이었다. 그러나 록펠러는 휘발유의 힘으로 움직이는 자동차가 기존의 전기자동차를 대체할 유일한 수단으로 보고 있었고, 그의 기대는 1908년에 헨리 포드Henry Ford가 내연기관 자동차인 모델 T를 생산하기 시작하면서 응답을 받았다. 내연기관 자동차는 100년이 지난 지금까지도 자동차 시장의 왕좌에 앉아 있고, 록펠러는 그때 이미 땅만 파면 돈이 나오는 최강의 부자가 되었다. 그를 석유왕이라 부르는 이유이다.

무엇이 록펠러 같은 위대한 기업가를 만들었을까? 나는 다른 어떤 이유보다 미래를 향해 꿈꾸고, 그것을 두려움 없이 찾아 나가는 그의 열정에 있었다고 생각한다. 항상 미래를 응시하는 매서운 눈이 록펠러가 가진 최고의 강점이었다는 얘기다. 나 같은 사람은 감히 록펠러 같은 기업가가 될 가망성이 전무하다 해도 롤모델로 삼고 한 발짝 두 발짝 발걸음을 옮기는 일은 얼마든지 가능하다.

이렇듯이 자신이 되고 싶은 롤모델을 정해서 그 사람이 했을 행동을 의식적으로 따라 하는 것도 매우 중요하다. 이때 '나는 성실성이 가장 필요해!'나 '그가 말하면 어쩔 수 없다는 말을 들을 수 있는 사람이 되자!'와 같이 알기 쉽게 단순화시킨 키워드로 자각을 하고 있으면 중요한 판단이나 행동을 할 때 기준으로 삼을 수 있다.

당신도 이제부터 롤모델을 삼을 수 있는 인물을 마음에 새기고, 그처럼 움직이기 위해 자신을 표현하는 키워드를 생각하자. 그리고 그것을 일상 곳곳에서 직접 적용해보기 바란다.

 KEY POINT

어려운 문제를 만나 혼돈에 빠졌을 때 나를 일으켜 세울 응원가를 만들어라. 다시 용기를 내어 힘찬 발걸음을 내딛게 할 응원의 말이 당신의 무기가 되게 하라.

11 세계의 리더들은
어떻게 자기점검을 할까?

자신의 재능을 진단하는 테스트

이 장의 마지막에서는 자기의 잠재 능력을 깨닫는 방법 중 하나로 세계의 많은 기업에서 채용하고 있는 '재능 진단 툴'을 소개하겠다. 이런 툴을 점쟁이에게 점을 보듯이 '이런 재능이 있었구나', '정말 잘 맞추네'라는 감상만으로 끝내지 않고 어떻게 활용하면 좋을지 그 방법도 함께 소개하겠다.

먼저 내가 한 사람의 스트렝스 코치로 활동하게 된 갤럽의 '클리프턴 스트렝스 테스트®Clifton Strengths Test®'를 소개하겠다. 물론 다른 진단 툴도 있기에 어디까지나 참고만 해주기 바란다. 다만 내가 아는 한 이 테스트는 세계에서 가장 널리 사용되고 있는 효과가 증명된 툴이다. 무엇보다 내가 사용해보고 비즈니스나 일상생활에서 사용하기에 편리하다고 느꼈다.

클리프턴 스트렝스®는 이전에는 스트렝스 파인더®라고 불렸고, 지난 40년 이상 '인간의 강점'에 관해 연구를 해온 미국 갤럽이 제공하는 재능 진단 툴이다. 앞에서도 잠시 언급했지만 일본에서도 오랫동안 베스트셀러로 자리 잡고 있는《스트렝스 파인더 2.0》에는 웹 테스트를 할 수 있는 인증 코드가 있어 이미 경험해본 사람도 있을 것이다.*

클리프턴 스트렝스®는 긍정 심리학을 근간으로 독자 개발한 툴로, 개인의 잠재 능력에 주목하여 어떤 분야에서 강점을 발휘할 수 있는지 특정할 수 있다.

여기서 말하는 '분야'는 실행력, 영향력, 인간관계 구축, 전략적 사고 등 크게 네 가지 영역으로 나누어져 있으며 더 세분

---

* 한국에는 《위대한 나의 발견 강점혁명》(청림출판)으로 출간되었다. 갤럽이 개발한 강점 찾기 테스트에 접속할 수 있는 ID 코드와 해설을 수록했다.

화해서 사람이 가질 수 있는 재능을 34가지의 단어로 표현하고 있다. 예를 들어 최상화Maximizer, 발상Ideation, 배움Learner, 공감Empathy 등이다.

질문은 모두 177개이며 온라인에서 테스트를 실행하면 34가지의 강점이 될 수 있는 자질 중 두드러지는 자질을 랭킹 형식으로 보여준다. 이 결과로 자신의 사고, 감정, 행동의 경향을 파악할 수 있다.

내가 이 책에서 말하고 있는 잠재 능력을 구체화하기 위한 툴로 안성맞춤인데, 갤럽에 따르면 2020년 10월 기준으로 미국의 매출 상위 500개사를 정하는 〈포천Fortune 500〉 중에 90%의 기업이 이 툴을 도입했다. 달리 말하면 전 세계에서 약 2,400만 명 이상이 클리프턴 스트렝스 테스트®를 체험하고 있다.

갤럽은 이 테스트를 도입하고 있는 기업에서는 직원의 재능이 언어화되어 강점을 중시한 매니지먼트가 가능하다고 말하고 있다. 그 결과 사업 매출 20%, 이익 21%가 늘고 이직률이 56% 줄었다는 데이터가 있다.

지금까지 몇 번이고 말했는데 자신의 잠재 능력을 안다는 것은 자신의 성장에만 그치는 게 아니다. 일과 일상생활에서 서로 협력해야 할 때 각자의 잠재 능력을 파악해 두면 강력한 효과를 발휘할 수 있다.

이 진단 툴을 사용하면 조직에서 잠재 능력을 '공통의 언어'로 공유할 수 있기 때문에 매니지먼트에도 큰 도움이 된다. 매니지먼트를 경험한 사람은 알겠지만 강점을 중시한 매니지먼트는 무척 어렵고 까다롭다. 왜냐하면 명확한 목적을 갖고 여러 명으로 구성된 조직을 하나로 꾸려서 결과를 내려면 아무래도 다양한 약점이 두드러지기 때문이다.

자신의 강점을 자각한다는 것은

사람은 자기 나름의 강점과 약점을 가지고 있는데 약점이 가장 눈에 띄게 성장한다. 그래서 성공을 위해서는 약점을 개선해야 한다고 생각하는 사람이 매우 많은 것이다.

이미 말했지만 나는 2017년에 갤럽의 인정 스트렝스 코치 자격을 취득했다. 나흘 반 동안 호텔에 집합해서 강점에 근거한 코칭법을 익히기 위해 철저하게 학습하고, 이해도를 묻는 시험을 치렀다. 동시에 학습에서 익힌 지식을 활용하는 시험에도 합격하여 인정 자격자가 되었다.

나는 왜 클리프턴 스트렝스®에 매력을 느꼈을까? 그 이유는 세 가지다. 첫째로 사람의 강점에 주목한다는 점, 둘째로 세계의 비즈니스 리더의 공통된 언어라는 점, 마지막으로 현실의 자신은 알기 힘든 '무의식 속의 자신'을 알 수 있는 툴이라는 점이다.

갤럽의 장기간에 걸친 연구 성과에 따르면 사람은 약점에 초점을 맞추면 자신감을 잃고, 반대로 강점을 이해하고 집중하면 자신감이 향상된다.

'마음이 바뀌면 행동이 바뀐다. 행동이 바뀌면 습관이 바뀐다. 습관이 바뀌면 인격이 바뀐다. 인격이 바뀌면 운명이 바뀐다'라고 하는 명언이 있다. 사람의 행동을 바꾸는 클리프턴 스트렝스®는 사람의 운명을 바꾸는 힘이 있다고 할 것이다.

그렇다면 이 테스트 최대의 매력인 현실의 자신은 알기 힘든 '무의식 속 자신'을 알 수 있다는 말은 어떤 의미일까? 미국의 인류학자 에드워드 홀 Edward T. Hall 의 〈아이스버그 모델Iceberg Model 〉은 일의 성과나 결과는 빙산의 일각이며 눈에 보이는 것은 극히 일부에 지나지 않는다는 사실을 말해준다.〈도표 7〉

<도표 7> 아이스버그 모델

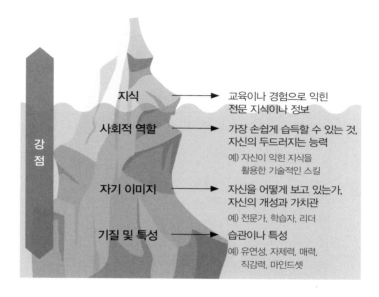

강점

지식 → 교육이나 경험으로 익힌
전문 지식이나 정보

사회적 역할 → 가장 손쉽게 습득할 수 있는 것,
자신의 두드러지는 능력
예) 자신이 익힌 지식을
활용한 기술적인 스킬

자기 이미지 → 자신을 어떻게 보고 있는가,
자신의 개성과 가치관
예) 전문가, 학습자, 리더

기질 및 특성 → 습관이나 특성
예) 유연성, 자제력, 매력,
직감력, 마인드셋

출처: 에드워드 홀이 자신의 저서 《문화를 넘어서Beyond Culture》에서 소개한 "Edward T. Hall's Cultural Iceberg Model"(1976)(https://www.spps.org/cms/lib/MN01910242/Centricity/Domain/125/iceberg_model_3.pdf)

지식은 겉으로 드러나지만 그 토대인 사회적 역할, 자기 이미지, 기질이나 특성은 잘 드러나지 않는다. 하지만 이 모든게 자기 자신임에 틀림없다. 아이스버그 모델은 개인을 형성하는 다양한 영역을 보여준다. 물결 표시 위는 자신도 타인도 비교적 잘 보이는 부분이고 물결 표시 아래는 잘 보이지 않는 부분이다.

클리프턴 스트렝스®는 강점에 초점이 맞춰져 있다. 그래서 무의식중에 사고, 감정, 행동의 패턴 등을 본인의 의식 레벨로 끌어올려 잠재 능력을 자각하고 활용할 수 있도록 강점으로 발전시키는 것이 가능하다.

지금까지 소개한 '자기 내면을 응시할 것', '타인의 피드백을 받을 것'도 매우 중요한 지침이지만, 클리프턴 스트렝스 테스트®를 체험해보길 추천한다. 자기인식의 정확도를 높이는 큰 힌트를 얻을 수 있을 것이다.

🔑 **KEY POINT**

자기의 잠재 능력을 안다는 것은 자신의 성장에만 국한된 문제가 아니다. 그것을 통해 가족에, 조직에, 사회에 도움을 준다면 정말로 보람 있는 삶이 아니겠는가?

12 진단 툴을
맹신하지 마라

자기인식의 정확도를 높이는 효과

클리프턴 스트렝스 테스트® 이외에도 다양하고 우수한 진단 툴이 있다. 내가 실제로 경험해본 진단 툴 중에 자기인식의 정확도를 높이는 효과가 뛰어나다고 느낀 5개의 진단 툴을 소개하겠다.

1. MBTI MYERS–BRIGGS TYPE INDICATOR

융Jung의 분석심리학을 토대로 고안된 툴로 세계 50개국 이상이 활용하는 국제 규격화된 성격 검사이다. 개개인의 성격을 '마음의 기능'과 '태도'의 측면에서 보고 인식 기능^{감각, 직}관, 판단 기능^{사고, 감정}, 에너지 방향^{외향, 내향}, 생활양식^{판단, 인식} 등 네 가지 지표, 16가지 유형으로 분류한다.

16가지 유형 각각의 강점과 특징, 과제를 정리하여 개인의 성장을 돕는 이 툴은 인정 자격자의 피드백을 받으면서 자기 인식의 정확도를 높일 수 있다. 성격적으로 어떤 생각을 우선 시하는지를 융의 심리학을 기반으로 한 시스템이기에 긍정 심리학에 근간한 클리프턴 스트렝스®와 함께 활용하면 좋다.

2. 에고그램EGOGRAM

미국의 정신과의사 에릭 번Eric Berne의 교류분석Transactional Analysis을 이론적 근거로 고안한 성격 분석 테스트 툴이다. 사람의 마음을 다섯 가지 자아 상태로 분류하여 그래프로 나타낸 것으로, 성격 및 인성을 분석하는 데 도움이 된다.

엄한 아버지를 나타내는 CP Critical Parent 비판적인 부모, 다정한 어머니를 나타내는 NP Nurturing Parent 양육적인 부모, 어른의 마음을 나타내는 A Adult 어른, 활발한 아이를 나타내는 FC Free Child 자유로운 아이, 순종하는 아이를 나타내는 AC Adapted Child 순응적인 아이와 같이 다섯 가지의 자아를 가족 관계에 비유하여 진단한다.

3. 뉴캐슬 퍼스널리티NEWCASTLE PERSONALITY 판정

영국의 심리학자이자 인류학자인 대니얼 네틀Daniel Nettle이 고안한 간단한 질문표로 5개의 특성인자인 '외향성, 신경질 경향, 성실성, 우호성, 개방성'을 측정하여 개인의 성격을 분석하는 '빅5 이론'이다.

4. 호건 어세스먼트HOGAN ASSESSMENT

1987년 조이스 호건Joyce Hogan 박사와 로버트 호건Robert Hogan 박사가 설립한 호건 어세스먼트는 인격 검사와 리더십 계발 분야에서 유명하다. 세계 56개국에 서비스를 제공하고 있으며, 미국의 매출 상위 500위 기업 중 절반 이상의 기업에 서비스를 제공하고 있다. 신뢰할 수 있는 인정 자격을 가진 코치에게 피드백을 받기를 추천한다.

5. 영웅의 여정HERO'S JOURNEY

앞서 소개한 툴과는 다소 성격이 다르지만 개개인의 인생이 '영웅의 여정'이 될 수 있다는 생각이 출발점이다. 영웅의 여정의 핵심은 어떻게 살아야 보람을 느낄 수 있는지, 자신이 어떤 인생을 보내야 하는지, 그리고 어떻게 해야 그러한 인생을 살 수 있는지 같은 것들이다.

〈영웅의 여정〉은 자신을 둘러싼 진실을 찾을 수 있게 도와 주는 툴사고방식로서, 다른 진단 툴과는 달리 미국의 작가 캐롤 피어슨Carol Pearson이 지은《내면의 영웅을 깨우다Awakening the Heroes Within》라는 책으로 출판되어 있다. 꽤 분량이 많은 책이지만 충분히 재미있다. 이 책은 헐리우드 영화의 참고서로 알려져 있으며, 영화감독 조지 루카스George Lucas도 숙독하고 〈스타워즈Star Wars〉 제작에 참고했다고 한다.

그게 바로 나의 잠재 능력이라고요?

이상 예로 든 다섯 가지 모두가 자기인식의 정확도를 높이는 데 도움이 되지만 어떤 툴도 절대적이지는 않다. 인간의 모든 성향을 담기에는 아무래도 한계가 있기 때문에 결과를 맹신하고 자신을 맹목적으로 규정할 필요는 없다.

결론적으로 말하면 개개인은 자신의 강점을 가지고 개성과 특성을 활용해서 커리어를 쌓아가야 한다는 것이다. 그 길이 결코 진단 툴의 결과대로 펼쳐지지는 않을 것이다. 생각지도 못한 큰 벽에 가로막히기도 할 것이다. 진단 툴의 결과만으로는 자신을 이해할 수 없다. 시행착오를 반복하는 노력과 시간이 필요하다.

몇 번 같은 실수를 반복하거나 노력해도 이겨내지 못하는 벽을 만나면 '어차피 나는 이 정도였어, 자질이 없어'라며 포기하고 싶다는 생각이 들기도 한다.

그러나 포기는 섣부른 생각이다. 이 책이 말하는 것과 모순이라고 느낄지 모르겠지만 자신을 한계점까지 몰아서 완벽하게 파악하고 있는 사람은 이 세상에 존재하지 않는다. 왜냐하면 사람은 시간이 흐르면서 시시각각 변하기 때문이다.

이상으로 자신의 잠재 능력을 찾는 방법을 살펴봤다. 애초에 잠재 능력을 찾지 못하면 키울 수도 없거니와 강점으로 활용할 수도 없다. 누군가에게 '그게 바로 당신의 재능이요!'라고 칭찬받고 '네? 뭐라고요?' 하며 어리둥절해한다면 그것이 바로 자신이 깨닫지 못하고 있던 당신의 잠재 능력일 가능성이 크다.

🔑 **KEY POINT**

누군가로부터 '정말 특별한 재능을 가졌군요!'라는 칭찬을 받고, '뭐라고요?' 하고 놀랐다면, 그게 바로 당신이 깨닫지 못한 당신만의 인생의 무기일지 모른다.

제3장

그들은 결코
천재가
아니었다

01 그럼에도 그들을
천재라 부르는 이유

자기에게 부족한 부분을 채우는 능력

아무리 유능한 경영자라도 혼자서는 비즈니스를 성공시킬 수 없다. 사람은 무슨 일을 하건 남들과 협력하며 일하는 가운데 최고치의 결과물을 얻을 수 있기 때문이다.

이런 사실은 자기인식의 정확도를 높이고 약점을 파악할 때는 물론이고 강점을 발휘할 때에도 적극적으로 고려되어야 한다. 이 말은, 무슨 일을 도모하거나 성공을 향해 달려갈 때는 다른 사람들과의 '강점의 교환'이 반드시 필요하다는 뜻이다.

이 책에서 누누이 강조하고 있는 강점의 계발과 발현에 대한 이야기는 자기 혼자만 잘 먹고 잘 살자는 의미에서 하는 이야기가 아니다. 강점을 찾아내고 발전시킨 다음에는 자신은 물론이고 자기가 속한 조직에, 나아가 사회에 기여하는 것이 진짜 목표이고 그것이 내가 말하려는 인간다운 삶이기 때문이다.

그런 의미에서 이 장에서는 비즈니스 현장에 국한해서, 특히 팀을 이끄는 리더나 조직에서 매니지먼트를 담당하는 사람에게 초점을 맞춰 자기인식과 강점을 어떻게 발휘하는 게 좋은지 알아보겠다. 이를 가정이나 사회생활에 적용하면 좋을 것이다.

예를 들어 리더가 아니라도 팀 단위로 일을 할 때 조직의 일원으로 어떤 마음가짐으로 일을 해나갈지, 그리고 리더에게 무엇을 요구하고 협력해야 할지 등의 문제들을 고려해서 읽으면 좋을 것이다.

직원이 10명 미만인 소기업을 운영하는 리더가 있다고 치자. 그가 아무리 뛰어난 능력자라도 직원들의 힘과 지혜를 결집시키지 않고서는 독불장군식으로 혼자 회사를 이끌어나갈 수 없다. '우리 회사의 무능한 직원들을 나 혼자 먹여 살리고 있다'고 호언장담하는 경영자가 있다면, 내일부터 당장 회사를 해산하고 혼자 꾸려나가는 게 옳다.

여러 번 말했지만, 나는 외국계 기업에서 일곱 번 이직하고 지금은 여덟 번째 회사에 다니고 있다. 다양한 형태의 기업에서 일하면서 뛰어난 리더는 자신의 강점과 약점을 정확히 파악하고 있다는 사실을 알고 무척 감명을 받았다는 사실도 이미 앞에서 이야기했다.

그들은 자기 능력의 한계를 벗어난 취약 분야에 봉착하면, 거리낌 없이 그 분야에 강한 사람의 도움을 받거나 과감히 업무를 맡겼다. 그렇게 해서 업무의 완성도를 높이는 데 주력하기 때문에 그들은 자신의 부족한 부분을 드러내는 일에 조금도 주저하지 않았다.

그럼에도 그들을 천재라 부르는 이유

마이크로소프트를 탄생시킨 빌 게이츠Bill Gates는 자신이 컴퓨터 프로그래밍 능력은 뛰어난 반면 기업을 관리하고 운영하는 능력은 부족하다고 생각했다. 그래서 경영 수완이 뛰어난 스티브 발머Steve Ballmer를 최고경영자로 발탁했다. 스티브 발머는 마이크로소프트의 창립 멤버도 아니었고, 빌 게이츠의 친척도 아니었지만 1980년에 마이크로소프트에 입사한 지 18년 뒤인 1998년에 회장으로 승진했고, 그 덕분에 세계적인 거부가 되었다.

이처럼 빌 게이츠는 자신의 약점을 인식하고 그것을 보완해줄 인재를 곁에 둠으로써 세계 제일의 비즈니스맨으로 도약할 수 있었다.

애플도 마찬가지였다. 2005년에 스티브 잡스Steve Jobs는 애플의 최고운영책임자COO로 경영을 이끌던 팀 쿡Tim Cook을 CEO로 임명했다. 전반적인 경영 실무는 팀 쿡에게 맡기고 자신은 전체적인 전략에 집중함으로써 미래를 향한 준비를 서둘렀던 것이다. 그 결과, 현재 애플은 세계 최고의 브랜드 가치를 지닌 기업으로 평가받고 있다.

만약 빌 게이츠와 스티브 잡스가 자기의 능력만 믿고 경영을 이끌었다면, 이들 기업은 지금 어찌 되었을까? 어쩌면 마이크로소프트나 애플은 이류기업으로 전락했을지 모른다.

빌 게이츠와 스티브 잡스는 결코 천재가 아니었다. 그럼에도 그들을 경영의 천재라 부르는 이유는 바로 자신의 강점은 물론이고 약점까지도 인정하고 과감히 권한을 나누어 최고의 효율을 이끌어냈기 때문일 것이다.

성공자들은 태어나면서부터 완벽한 사람이 아니라 타인의 능력을 과감히 받아들여 내가 가진 장점과 결합시킴으로써 최고의 결과를 이끌어낸 사람들이다. 당신도 현재 가지고 있는 강점에 타인의 역량을 더하여 최고의 자리에 도전해보기 바란다. 세상의 모든 성공자들은 그렇게 강점 교환의 길을 선택했다.

🔑 KEY POINT

성공자들은 태어나면서부터 완벽한 사람이 아니었다. 그들은 타인의 능력을 과감히 받아들여 자신이 가진 장점과 결합시켜 최고의 결과를 이끌어낸 사람들이다.

02 대화형 리더가 답이다

30초도 기다리지 못하는 상사들의 인내심

이제까지 말한 우수한 리더상을 한 마디로 집약해서 표현하면, 바로 '대화형 리더'라고 할 수 있다. 이 말에는 어느 조직의 리더가 되었든 단순히 앞장서서 통솔하고 지휘하는 역할에 그치지 않고 구성원들의 강점을 이끌어내는 코치여야 한다는 함의가 포함되어 있다.

지속적인 대화를 통해 부하직원들이 스스로 장점을 찾아낼 수 있도록 도와줘야 하며, 그렇게 함으로써 열정을 쏟을 수 있는 분위기를 구축하여 조직력을 최대한으로 끌어올려야 한다. 나는 이것이 기업은 물론이고 우리 사회를 변혁시키는 제일 중요한 키워드라고 믿는다.

이러한 방식의 '강점의 교환'이 보다 더 효과적으로 작동하기 위해서는, 리더가 구성원들이 자발적으로 잠재 능력을 발견할 수 있도록 도와줘야 한다. 구성원들 각자가 자각하는 강점이 많을수록 조직의 능력도 강해지기 때문에 이 문제는 기업의 성공을 좌우하는 열쇠라고 할 수 있다.

대화형 리더가 되려면 무엇이 필요할까? 일단 경청이 제일 중요한 덕목이라고 생각한다. 어떤 이들은 리더란 다른 누구보다 큰소리로 외치고 앞장서서 싸우는 사람이라고 말하지만, 그것은 리더의 필요충분조건 중에서 극히 일부에 불과하다.

이스라엘 출신의 내 지인은 나처럼 글로벌 기업의 일본 지점을 이끌고 있는데, 그가 이런 우스갯소리를 한 적이 있다.

"일본 기업에서는 대부분의 리더들이 부하직원의 말을 30초 이상 잠자코 듣지 않는 걸 보고 깜짝 놀랐다."

30초도 기다리지 못하고 상대의 말을 자르거나 끼어들면서 한 옥타브 높여서 자기주장을 펼친다는 설명이다.

"아, 그 얘기? 그건 나도 잘 알아. 그런 경험이 있거든!"

이런 식으로 체험담을 꺼내다가 곧바로 이런 말을 덧붙인다.

"그건 실패할 가능성이 많으니 그만두는 게 좋아."

이런 식으로 처음부터 상대의 의지를 꺾어놓으면, 부하직원들은 몇 번 이런 일이 반복되면 더 이상 말할 의욕은 물론이고 일을 할 의욕마저 잃고 만다. 이런 사람들은 가르치는 일이 상사의 의무이며 리더십이라고 착각하고 있는 것이다.

리더는 학교 선생님처럼 교단에서 일방적인 강의를 하는 사람이 아니다. 조직의 방향성을 결정하고 구성원의 생각이나 의견을 하나로 모아 최대한 발휘할 수 있도록 인도해야 한다. 이것이 바로 리더의 역할인데, 일본 기업에서는 깡그리 무시된다는 것이다.

"지금 어떤 생각을 하고 있나요?"
"어떤 일을 할 때 가장 열정이 생기나요?"
"앞으로 계획은 무엇인가요?"
만약 당신이 리더라면 이런 질문으로 구성원들의 목소리에 열심히 귀를 기울이자. 성공하는 리더들은 '듣는 능력'과 함께 '질문하는 능력'도 소유하고 있다는 사실을 잊지 말자.

코치 역할을 담당하는 리더는 구성원들에게 섣불리 먼저 답을 제시하지 않는다. 자신이 직접 겪은 일이라 해도 절대

결론부터 말해서는 안 된다. 답을 아는 것과 할 수 있는 것은
전혀 다른 문제이기 때문이다.

나는 당신을 존경한다, 당신에게 힘이 되고 싶다

내가 만나본 리더 중에도 위계질서를 이용해서 부하직원을
움직이려는 사람이 있었다. 이런 사람 아래서 일하는 직원은
순종하는 듯 보여도 실제로는 그 자리를 당장 모면하겠다는
생각밖에 하지 않는다.

웃는 얼굴로 '네'라고 말은 하지만 자신이 고민하지 않은
답을 강요받은 것이므로 어떻게 처리해야 할지 감을 잡지 못
하는 경우가 허다하다. 그런데도 리더는 부하직원이 수긍하는
답을 말했으니 믿거라 하고 돌아서니 일이 잘될 턱이 없다.

그렇게 되면 부하직원들은 리더의 지시대로 움직이기는
하지만 납득할 수 없는 일이니 대충 처리해버릴지도 모른다.
시키는 업무는 아무래도 주체적이지 않기 때문에 수동적이
고 부정적인 태도로 일관할 수밖에 없는 것이다.

'한 달 뒤까지 매출을 5% 올려야 한다. 회사가 정한 정책

이니 반드시 실행하라!'고 지시하는 리더는 원시시대를 살고 있는 사람이다. 반면에 대화형 리더는 구성원들에게 이렇게 묻는다.

"한 달 뒤까지 매출을 5% 올려야 합니다. 어떤 전략이 필요할까요?"

"A씨가 지난 1/4분기 동안 실행한 매출 신장 대책 중에 가장 효과적인 것은 무엇인가요?"

코치 역할을 하는 리더가 구성원들에게 답을 제시하지 않는 이유는 사람은 자신이 스스로 알게 된 것이 아니면 움직이지 않는다는 걸 알기 때문이다. 이것이 바로 구성원들의 강점을 이끌어내는 방법이기도 하다. 리더가 제시한 답에 의존하지 않고 스스로 답을 찾아낼 수 있도록 독려하는 것이다.

각자가 자신의 능력을 최대한으로 발휘하려면 리더가 구성원에게 질문을 하고 생각하게 만들어 강점을 끈질기게 이끌어내야 한다. 다시 말해서 스스로 학습하고 행동할 수 있는 환경을 조성해야 한다는 것이다.

부하직원의 강점을 이끌어내는 대화형 리더가 되기 위한 중요한 전제가 있다. 내가 미국 갤럽이 진행하는 스트렝스 코치 과정을 밟을 때 나를 성심성의껏 가르쳤던 제레미 교수는 무슨 말을 하더라도 '당신을 돕고 싶어', '당신에게 도움이 되고 싶어'라는 정성이 느껴졌다.

그는 나를 만날 때마다 'How can I help you?'라고 물었는데 그때마다 '나는 당신을 존경하고, 당신에게 힘이 되고 싶다'는 메시지가 느껴졌다. '내가 코치이니 당신의 능력을 끄집어내주겠다'라는 고압적인 뉘앙스는 전혀 없었다는 뜻이다.

또한 중요한 것은 조직 구성원들과의 '커뮤니케이션 퀄리티'이다. 다시 말해서 '대화의 질'과 '방식'이 중요하다는 얘기다. 리더는 조직원들에게 '여기서는 무슨 말을 해도 괜찮아요', '아무리 부정적인 말을 해도 상관없어요' 같은 말로 심리적인 안전을 확보해줘야 한다.

'이런 말을 하면 나에 대한 평가가 나빠질 거야', '본심을 말하면 모두들 떠나버리고 마는 거 아닐까?' 같은 불안감을 줘서는 누구도 마음을 열지 않기 때문이다.

듣기의 질, 이야기의 질

이렇듯이 리더가 구성원의 코치 역할을 하기 위해서는 무슨 말을 해도 문제가 없다는 신뢰 관계가 구축되어 있어야 한다. 이것이 마련되지 않으면 구성원의 강점을 이끌어낼 수가 없다.

그렇다면 어떻게 해야 신뢰 관계 구축을 위한 '커뮤니케이션 퀄리티'를 높일 수 있을까? 내가 중요하게 생각하는 것은 다음의 두 가지이다.

첫 번째는 '듣기의 질'을 높여야 한다. 단순한 듣기가 아니라 언어의 의미를 충분히 이해하고 받아들여야 한다. 음악을 감상하듯이 상대의 마음을 헤아리며 듣는 것이다.

두 번째는 상대의 '이야기의 질'을 높여야 한다. 상대가 말하기를 꺼려하거나 주저하는 화제가 무엇인지 추측하여 말하고 싶을 때 거침없이 말할 수 있게 환경을 조성하는 것이다.

여기서 말하는 '화제'란 주로 예민한 문제를 말한다. 감봉, 해고, 성희롱, 직장 내 괴롭힘, 업무에 영향을 주는 사생활질병이나 돈, 가족 문제 등을 예로 들 수 있다.

결국 구성원들이 '이런 말까지 해도 되는구나'라는 생각을 할 수 있는 분위기 형성이 중요하다. 핀셋을 들이대듯 집요하게 캐내는 듯한 인상을 주는 것은 금물이지만 상대가 이야기할 준비가 되었다면 뭐든 말할 수 있게 하는 것이 신뢰 관계를 구축하는 토대가 된다.

마케도니아 왕으로 잇달아 정복 전쟁에 승리를 거둠으로써
세계에서 가장 광대한 땅을 지배했던 알렉산더 대왕Alexander
the Great은 20세에 왕위에 올라 33세에 죽임을 당한 인물로
세계 역사의 판도를 바꾼 정복자였다. 그러나 너무 지나친 욕
심을 부려 부하들의 원성을 산 끝에 자멸하고 말았던 인물이
기도 하다.

그런데도 그의 리더십은 오늘날까지도 많은 사람에 의해
회자되고 있다. 언젠가 그가 중병을 앓고 있을 때 한 통의 밀
서가 그의 수중에 들어왔다. 내용은, 의원이 약에 독을 탔으
니 부디 조심하라는 경고였다.

알렉산더 대왕은 밀서를 읽고는 당황하는 기색도 없이 태
연하게 베개 밑에 밀어 넣었다. 이윽고 약을 먹을 시간이 되
자 의원은 평소대로 약을 올렸고, 알렉산더 대왕은 아무 말
없이 그 약을 단숨에 먹어버렸다. 그리고 '이런 편지가 왔다'
며 베개 밑에서 밀서를 꺼내어 미소를 띠며 의원에게 건넸다.

알렉산더 대왕은 의원을 깊이 신뢰했기 때문에 사실을 규
명할 생각도 없이 약을 먹었던 것이다. 그 의원은 너무도 감격

하여 대왕을 위해서라면 뭐든지 하겠다고 다짐했을 것이다.

퀄리티 높은 커뮤니케이션을 실현하기 위해서는 구성원의 말을 귀담아 들어주는 자세가 중요하고, 그 이전에 그를 진실한 마음으로 신뢰할 수 있어야 한다. 또한 상대의 이야기를 들을 때는 '세상에는 내가 이해하지 못하는 일이 너무도 많다'는 생각을 가져야 한다.

그리고 항상 '내가 볼 수 있는 건 많아야 전체의 20%에 불과하다'는 전제도 세우자. 자신의 경험이나 지식은 일단 제쳐두고 무지의 상태로 호기심을 갖고 상대가 원하는 바를 듣고, 지원한다면 그런 자세가 훨씬 더 나은 성과를 올릴 수 있다.

경험과 지식의 자부심 때문에

부하직원의 말을 30초도 듣지 않는 상사가 많은 이유는 자신의 경험이 워낙 풍부하다고 자부하기 때문에 그만큼 많이 알고 있다는 전제를 세우고 있기 때문이다. 그래서 '내가 한 수 가르쳐주겠다!'는 생각으로 참견하는 것이다.

대화형 리더는 그렇게 하지 않는다. 그는 상대와 신뢰 관계를 구축하기 위해 '내가 잘 모르니까 알고 싶다', '나도 이해하고 싶으니까 가르쳐 달라'는 자세를 잊지 않는다. 이래야만 구성원들이 자신의 강점으로 서로를 보완해줄 수 있다는 마음이 생긴다. 상사와 부하직원의 관계가 아니라도 같은 목적을 향해 함께 일하는 동료라면 이런 관점에서 상대방과 커뮤니케이션해야 할 것이다.

이렇게 말하고 있는 나도 여전히 목표를 이루지는 못했다. 하지만 평소 일상적인 대화나 업무 피드백을 통해 코칭을 고려한 매니지먼트를 지향하고 있다. 예를 들어, 책임감이 강한 직원인 E에게 중요한 프로젝트의 자료 작성을 요청한 적이 있다.

마감 전날에 진행 상황이 궁금해서 'E씨, 내일이 약속한 자료 제출 기한인데 지금까지 얼마나 진행했나요?'라고 묻자 '50%입니다'라는 것이었다.

이런 답변을 들으면 '내일까지 가능해요? 괜찮겠어요?'라고 확인하는 게 당연하겠지만 그보다는 E씨의 평소 책임감을 고려해야 한다. 따라서 E씨에게 그런 확인 질문은 의미가 없다.

왜냐하면 책임감이 강한 사람들은 일단 시작한 일에 대해

'NO'라고 말하지 않기 때문이다. 그래서 '괜찮겠어요?'라고 물으면 실제로는 괜찮지 않아도 '괜찮습니다'라고 말한다. 그래서 나는 질문을 좀 바꿔서 '내일 제출하지 말고 하루 미뤄 모레 제출하면 퀄리티가 얼마나 달라지나요?'라고 물었다. 그러자 E씨로부터 이런 답이 돌아왔다.

"하루 더 기다려주시면 퀄리티가 80% 정도 올라갈 거라고 생각합니다. 그런데 ○○ 부분이 걱정인데, 생각한 대로 잘 풀리지 않아 고민이에요."

바로 이 대목에서 리더는 그가 고민하고 있는 문제의 해결책을 제시할 수도 있고, 그에게 시간을 더 주면서 스스로 해결 방안을 찾을 수 있게 할 수도 있다. 이처럼 구성원의 특성에 맞춰 질문의 방향을 조금만 바꿔도 상황을 다르게 펼칠 수가 있다.

자네가 소신껏 한번 해봐!

F씨는 문제점을 잘 집어내는 사람이다. 그래서 일을 하다가 뭔가 이상한 점을 발견하면 거기에 정신이 쏠려 업무 진행이

원활하지 못할 때가 있다.

이런 F씨가 뭔가 고민하는 모습을 보이면 나는 곧장 'F씨, 이 업무의 목표는 뭔가요?'라고 질문한다. F씨는 큰 목표보다는 눈앞에 보이는 작은 문제에 정신이 팔려 있었기 때문에 본래 업무의 최종 목적이나 계획을 상기시켜 일이 앞으로 나아가도록 독려하는 것이다.

어느 날 F씨에게 회의 전에 자료 복사를 부탁했을 때의 일이다. 회사엔 복사기가 2대 있었는데 그중 하나가 종이가 걸려 사용할 수 없는 상태였다. F씨는 다른 1대가 정상적인 상태인데도 굳이 걸린 종이를 빼내려고 진땀을 빼고 있었다.

시간이 촉박했기 때문에 화가 났지만, F씨는 문제를 발견하면 일단 해결해야 다음으로 넘어가는 성향이었다. 따라서 무조건 야단쳐서는 안 된다는 생각이 들어 화를 내지 않았다.

이 사례만 보면 F씨를 개념 없는 직원이라고 생각할 수도 있겠지만 조직에는 문제 발견 능력이 뛰어난 사람도 반드시 필요하다. 특히 새로운 프로젝트를 진행할 때는 없어서는 안 될 존재이기에 나는 F씨가 자신의 재능을 발휘하고 강점으로 활용할 수 있도록 항상 의식하며 대화를 나누었다.

대화형 리더는 항상 비즈니스 성과를 극대화하는 열쇠가 무엇인지를 고민하면서, 구성원들의 자기 계발과 성장에 도움이 되는 길을 모색해준다.

그러나 실상은 어떤가? 대부분의 리더는 큰소리로 지시를 하는 게 아니라 '당신은 어떻게 생각하나요?'라는 식으로 물어야 한다는 사실조차 의식 못하고 있고 구성원의 특성을 명확히 파악하여 업무를 나눠주는 경우도 찾아보기가 어렵다.

그러다 보니 부하직원에게 선뜻 업무를 일임하지 못하는 리더가 많다. '자네가 한번 소신껏 해봐!'라고 말하는 리더보다는 부하직원이 한 발짝 내디딜 때마다 시시콜콜 간섭하며 방향을 지시하는 리더가 훨씬 많다는 얘기다.

🔑 **KEY POINT**

리더십은 군림하고 지시하고 가르치는 것이 아니다. 성공하는 리더들은 남의 말을 듣는 능력과 함께 모르는 것을 묻는 능력을 가진 사람들이었음을 잊지 말자.

03 경험만으로 판단하지 마라

기대치의 70% 수준이면 잘한 것이다

내가 지금까지 기업의 구성원으로 활동하면서 만나보았던 리더들 중에 대화형 리더십을 실천하는 사람들을 소개하겠다. 앞에서 세계적인 대기업에서도 코치 역할을 하는 리더나 관리자를 귀하게 모신다고 말했었다. 따라서 여기 소개하는 세 사람은 조직 내에서의 존재감이 매우 크다.

첫 번째는 나의 멘토 같은 존재인 미국인 G씨다. 갤럽에서 미국 이외 지역의 비즈니스를 책임지고 있는 그가 리더로 일하고 있는 팀이 미디어 취재에 응하고 있을 때의 일이다.

그는 팀원들과 조금 떨어진 자리에서 아무 말 없이 취재하는 모습을 지켜보고 있었다. 시간이 많이 흘러서 점심시간이 훌쩍 넘었는데, 한 스텝이 취재에 응하는 사이에 잠시 틈을 내어 테이블 한켠에 점심 도시락을 준비해 두었다.

그런데 누구 한 사람도 도시락에 손을 대는 사람이 없었다. 다들 취재에 대응하고 있는 상황인지라 먼저 나서기를 꺼려하며 눈치를 보는 상황이었다.

그런데 G씨가 갑자기 도시락을 먹기 시작했다. 그러자 다들 테이블로 달려와서 도시락을 여는 것이었다. 이런 상황에서는 처음 나서기가 쉽지 않은데, 리더인 G씨가 첫 테이프를 잘랐기 때문에 다른 사람들이 심적인 부담을 줄일 수 있었다.

경험이 쌓이고 지위가 올라갈수록 굳이 자신의 힘을 과시하지 않아도 된다. 상대방의 기분을 무시하면서까지 자신의 의지를 무리하게 밀어붙일 필요가 없다.

기본적으로 모든 일은 팀에 맡기고 한 발짝 떨어져서 상황을 지켜보면서 자신이 나서야 할 때가 생기면 그제야 존재를 드러내어 최대한 공헌하는 것이 리더의 자세이다. 나는 진정한 리더란 바로 이 정도로 충분하다는 사실을 G씨로부터 배웠다. 업무와 직접적인 관계가 없는 일이었지만 그가 보여준

자연스러운 리더십에 크게 감동한 순간이었다.

그 밖에도 팀원들에게 업무를 과감하게 일임하는 모습을 보고 그의 과단성이 부러운 때가 많았다. 직접 듣지는 못했지만, 그의 업무 스타일로 봐서 '남에게 맡겨서 기대치의 70% 수준이면 잘한 것이다'는 사고방식을 읽을 수 있었다.

완벽하게 100% 수준을 바라는 상사였다면 나처럼 배움의 속도가 느린 부하직원은 성장을 기대할 수가 없을 것이다. 개개인이 발전할 수 있는 환경을 마련하고 중요한 일도 과감히 믿고 맡긴다는 생각이야말로 그 사람을 성장시킬 수 있다. G씨는 이런 생각을 손수 실천하며 가르쳐주었다.

자신의 경험만으로 판단하지 않는다

두 번째는 나의 동료로 문화와 조직, 개인의 능력 계발을 돕는 직종에서 일하는 중국인 H씨다. 그녀는 사람을 멋대로 판단하지 않았다. 자신의 생각을 강요하지 않고, 상대방을 있는 그대로의 모습으로 받아들이는 능력이 있다. 그래서인지 그녀와 이야기하면 긴장이 풀리고 매우 즐겁다.

누구나 한 번쯤은 직장을 다니면서 상사와의 트러블로 상처를 받고 '이놈의 회사 당장 때려치우겠어!'라는 생각을 해봤을 것이다. 나 역시 무조건 윽박지르며 자기주장만 고집하는 상사와 마주칠 때면 이런 기분이 들곤 했다.

오랜 고민 끝에 기껏 의견을 내도 '그건 아니야!', '당신의 생각은 틀렸어!'라고 비판부터 하고 더 이상 이야기를 듣지 않고 무시한다. 나로서는 반짝이는 아이디어라 생각해서 신이 나서 제안을 하면 그 자리에서 면박을 주는 상사도 있다.

그럴 때면 인격이 부정당하고 있다는 기분마저 든다. 자존감이 땅바닥에 떨어져 당장이라도 사표를 내던지고 싶다. 이런 식으로 '사람과 문화의 다양성을 인정한다'는 원칙이 짓밟히는 상황이 어디 한두 군데의 일이겠는가?

H씨에게서는 부정이나 거절, 비판적인 태도를 볼 수가 없다. 서로 의견이 다른 경우에는 '당신은 그렇게 생각하는군요. 알겠어요'라며 상대의 생각을 충분히 듣고 나서 '그럼 ○○는 어떻게 생각해요?', '그렇다면 ○○가 해결되지 않는데 목표를 어떻게 달성할 생각인가요?'와 같은 질문을 던지는 식으로 이야기를 풀어간다.

그녀에게서는 마음의 여유가 느껴진다. 그렇기 때문에 남들과의 마찰을 막고 차이를 인정할 수 있는 듯하다. 다시 말해서 '100% 완벽을 추구하지 않는다', '나 자신의 경험만으로 판단하지 않는다'는 마음가짐이 느껴진다.

공감 능력이 뛰어난 리더

세 번째는 지금 내가 일하고 있는 회사의 유럽 지역 사업 책임자인 네덜란드인 W씨다. 그는 상대방의 말을 경청하는 데 일가견이 있다. 박사학위까지 소지할 정도로 학벌이 뛰어나지만 항상 '저는 세상 돌아가는 일을 전혀 몰라요. 가르쳐줘요'라는 자세를 유지한다.

호기심을 앞세워 내 말을 재미있게 들어주기 때문에 그렇게 느껴진다, 나로서는 이야기할 맛이 난다. 그래서 그와 이야기할 때는 '당신의 업무 영역은 당신이 전문가다'라며 상대를 존중하고 배려하는 느낌과 '나는 모르는 게 많고 이해해야 할 것도 많다'며 겸손해하는 느낌을 동시에 받는다.

그는 자신이 모든 것을 알지는 못한다는 사실을 분명하게 자각하고 있다. 그래서 호기심이 강하고 상대에 대한 기대감이 크다. 논의를 통해 상대의 의견을 회사가 제시하는 목표와 결부시키는 능력이 뛰어나다.

그는 항상 상대에게 뭔가를 이끌어내려고 한다. 상대를 움직이려면 말로만 구슬리는 게 아니라 상대에게 자신의 문제를 진지하게 토로하는 것이 얼마나 중요한지 그를 통해 깨달았다.

리더라면 결단력이 있고 솔선수범할 줄 알아야 한다. 이것은 세상이 두 쪽이 나도 변하지 않는 최고의 강점이다. 하지만 상대에게 몸을 낮추면서 귀를 기울이고 공감하며 추켜세울 줄 아는 리더십도 좋다는 사실을 앞에서 소개한 세 사람을 통해 배울 수 있었다.

두 가지 능력을 모두 갖추는 게 이상적이지만, 나는 앞으로의 리더상은 후자라고 생각한다. 상대를 무시하거나 깔보지 않고 눈높이를 낮추면서 상대의 마음을 읽어주는 태도 말이다.

상사가 말하는 시간이 길수록

일본의 경영컨설팅회사 코치 에이COACH A의 코칭연구소가 세계 15개국 1,500명을 대상으로 조사한 〈조직과 리더에 관한 글로벌 가치관 조사 2015〉에 따르면, '직속상관과의 관계가 얼마나 좋은가?'라는 질문에 대해 '좋다'고 답한 일본인은 매우 적어서, 일본이 15개국 중 최하위였다.

또한 일본은 '상사와의 커뮤니케이션이 충분한가?'라는 질문에 대해서도 최하위 수준으로 대화 부족이 여실히 드러나는 결과였다. 그렇다는 것은 회사라는 조직 내에서 상사와 부하직원들 사이에 대화의 채널이 단절되어 있다는 뜻이다. 이게 과연 누구 책임일까?

그럼에도 아이러니한 사실은, 일본의 상사와 부하직원의 '대화 빈도'가 인도, 영국, 프랑스에 이어 4위였다는 점이다. 앞에 열거된 수치와는 딴판인 이 결과는 어째서 나오는 것일까?

답은 의외의 곳에서 찾을 수 있다. '상사와 부하직원 간의 대화 비율'을 묻는 질문에서 '상사가 이야기하는 시간이 길다', '부하직원이 이야기하는 시간이 길다', '거의 같다' 중에 '상사가 이야기하는 시간이 길다'라고 답한 비율이 중국, 홍콩, 태국에 이어 4위로 나왔던 것이다.

결론적으로 일본 기업에서는 상사와 부하직원의 대화량이 적지 않은 편인데도 상사가 이야기하는 시간이 너무 일방적으로 길다는 얘기다. 한 마디로 말해서 상사 혼자 말하는 시간이 길다 보니 대화다운 대화가 아니라는 뜻이다.

리더가 주로 이야기를 주도하는 회의에 참석해본 적이 있을 것이다. 상사는 말이 많을수록 자신의 업무를 다했다는 기분이 들지 모르지만 이 사람은 상사의 진짜 업무는 부하직원의 이야기를 듣는 일이라는 사실을 외면하는 것이다.

 KEY POINT

100% 완벽한 것을 기대하는 상사는 배움의 속도가 느린 부하직원의 성장을 기대할 수가 없다. 개개인이 발전할 수 있는 환경을 마련해주는 것이 리더의 책무임을 잊지 말자.

04 자신의 약점을 겁내지 마라

약점이 없는 리더를 멀리하라

강의 중에 내가 '나는 팀원들에게 곧잘 약점을 드러낸다'고 말하면, 대부분 깜짝 놀란다. 제대로 된 리더라면 약점은 최대한 감추고 강점을 드러내려고 노력해야 하는데, 나는 틀렸다는 뜻이다.

일본 기업은 물론이고 글로벌 기업에서도 고전적인 '리더상'의 환상에 사로잡혀 착각을 하는 사람이 많다. 리더는 모든 사람이 의지할 수 있는 듬직한 인물이어야 하고, 모두의 존경을 받는 동경의 대상이어야 한다는 착각이다. 과연 그럴까?

내 생각은 정반대이다. 부하직원들에게 '저 사람은 약점이 없다!'고 평가받는 리더가 있다면 앞뒤 재지 말고 일단은 멀리하는 게 상책이라고 생각한다.

"우리 팀을 이끄는 리더는 정말로 도움이 안 돼. 내가 없으면 일이 도무지 일이 진척이 안 될 지경이라니까!"

오히려 이런 평가를 받는 편이 낫다. 이런 사람은 리더의 약점을 정확히 파악하고 자신이 팀에 어떻게 공헌할지 명확히 인지하고 있다는 의미이기 때문이다. 리더도 인간이다. 사람은 누구나 잘하는 부분이 있으면 못하는 부분이 있다. 뭐든 잘하는 슈퍼맨이 될 필요는 없고 그럴 수도 없다. 그러니 모르거나 못하는 일이 있어도 부끄러워할 이유가 없다.

내가 이끄는 팀의 구성원들은 나를 '모든 일에 의지가 되는 큰 바위 같은 인물'이라고 생각하지 않는다. 오히려 약점이 너무 많아서 믿음직하지 않은 빈약한 사람이라고 생각하는 편이 더 많을 것이다.

개인적인 의견이지만, 업무를 성공적으로 이끈 경험이 많은 리더일수록 믿음직하지 않은 경향이 있었음을 나는 경험으로 안다. 그런 사람일수록 큰 문제에 직면하면 혼자서 해결하려고 전전긍긍하지 않고 구성원들을 죄다 불러 모아 대책을 강구하는 모습을 숱하게 봐왔다.

그럼에도 불구하고 자신의 약점을 드러내는 건 두려운 일이다. 보통의 인간이라면 자기 마음속의 리더상과 다른 모습을 보이는 게 보통이고 그게 두려워 자꾸 억지스러운 행동을 일삼는다.

하지만 영리한 리더들은 자신의 약점을 공개하는 것이 훨씬 더 효과적임을 알고 있다. 리더 스스로가 먼저 자신의 약점을 공유하면 조직 안에서 강점 교환이 훨씬 더 원만히 진행되고, 결과적으로 팀의 역량이 크게 강화된다.

약점을 먼저 드러내면 생기는 일들

약점을 공개할 때 기대할 수 있는 효과를 다른 시점에서 생각해보자. 나는 비즈니스 관계로 미팅을 할 때도 상대방이 말하기 전에 회사의 약점을 먼저 밝힌다.

"이 제품은 아쉽게도 ○○ 기능이 없어요. 그래서 일부 소비자들의 요구에 맞추지 못한다는 지적을 많이 받죠. 대신에 소프트웨어가 매우 뛰어나서 어느 제품과 견주어도 탁월합니다."

이처럼 먼저 약점을 말함으로써 부정적인 인상을 상쇄시키는 것이다. 약점을 감추고 '우리 회사 제품은 소프트웨어가 탁월해요'라고 장점만 말하면 상대는 '하지만 ○○ 기능이 없잖아요'라고 대응해올 게 뻔하다. 이렇게 되면 변명을 해야 하기 때문에 오히려 부정적인 인상이 강해진다.

이렇듯이 약점은 변하지 않는 경우가 많기 때문에 먼저 말하는 편이 효과적이다. 감추는 게 없다는 인상을 줘서 소통을 수월하게 하는 전략이다. 이것은 일상생활에서도 마찬가지다.

나는 후배들이 결혼이나 연애 상담을 하러 오면 먼저 서로의 나쁜 점을 말해보라고 조언한다. 누구나 실패담을 들으면 친근감이 생긴다. 약점을 보이면 경계를 풀고 인간미를 느낀다. 상대의 마음을 잘 알겠다는 감정은 인간관계에 있어 가장 중요한 요소가 된다. 사람은 모르는 것에는 공포와 두려움을 느끼지만 서로가 약점을 공유하면 동지 의식이 생겨 이야기를 더 나누고 싶다.

사람은 결핍에 사랑을 느낀다. 미완성, 약점, 부족함을 느끼면 본능적으로 감싸려고 한다. 반면에 빈틈이 없이 완벽한 사람에게는 인간미를 느끼지 못해서 경계심을 느끼게 된다.

이것은 회사도 마찬가지여서 조직 구성원들이 리더를 비롯한 동료들의 단점을 알고 나면 오히려 안심을 한다. 행동을 예측할 수 있다는 안심감이 이 사람을 위해 노력해야겠다는 생각을 만든다. 적어도 나는 그렇게 믿는다.

이케아의 독특한 마케팅 전략

북유럽의 가구 제조사인 이케아IKEA는 세계 어느 나라에 점포를 세우더라도 도시 외곽에 자리 잡는 것으로 유명하다. 점포에서의 디스플레이를 보고 마음에 드는 상품이 있으면 일방통행과 같은 구조를 한 실내를 지나 마지막에 위치한 창고에서 스스로 상품을 찾아 카트에 싣고 계산대까지 운반한다. 그리고 집에 가서 조립을 한다.

이런 이케아의 서비스는 편리성과는 거리가 한참 멀다. 그럼에도 불구하고 세계의 많은 고객들이 이케아를 찾는 이유는 무엇일까? 이케아는 자신들의 기업 이념을 알릴 때 제공하는 서비스뿐만 아니라 제공하지 않는 서비스도 소비자들과 명확히 공유하기 때문이다.

그들은 '다소 품이 들지라도 이런 약점도 포함해서 좋아해주실 거죠?'라는 입장을 고수한다. 이것을 연애 감정에 빗대어 말을 하자면 '좀 손이 많이 가는 사람이지만 이런 점도 사랑스럽다'는 감각이라고 할까?

　이것은 제공하는 서비스가 완벽하지는 않다는 약점이 경쟁사와의 차별화로 부각되고 이케아만의 매력으로 인식되면서 오히려 강점으로 바뀐 경우이다. 예를 들어 이케아 가구로 구색을 맞추면 어떤 생활을 할 수 있는지 구체적으로 보여주는 전시법을 소개한다거나 저렴한 가격에 북유럽 특유의 센스 넘치는 디자인의 제품을 구매할 수 있다는 점 등은 다소 불편해도 충분히 감내할 수 있는 매력 포인트가 되기에 그런 약점조차도 얼마든지 받아들일 수 있다.

　옥스포드 사전에서 '진짜'를 의미하는 'genuine'을 찾아보면 첫 번째 의미로 정직이라는 뜻의 'honest'라는 단어가 나온다. 이는 다시 말해서 많은 사람이 동경하는 '자기다움'을 뜻한다. 그렇기 때문에 진짜 리더는 흔들림 없이 정직하게 자기다움으로 일관하는 사람을 말한다.

　정리해서 말하면 '이것만큼은 자랑할 수 있다'는 강점과 '이것만큼은 양보할 수 없다'는 가치관만 잘 정립되어 있다면 모든 일에 완벽할 필요가 없다.

무리해서 무슨 일이든 관여하기보다는 자기만의 강점을 잘 갈고닦는 편이 훨씬 더 효과적이다. 더 이상 약점과 결점을 숨기지 말고 공개해서 도움을 받는 건 어떨까? 이제부터는 사양하지 말고 주위 사람들과 동료들에게 의지해보자.

🔑 **KEY POINT**

진짜 리더는 흔들림 없이 정직하게 자기다움으로 일관한다. 리더가 자신의 약점을 솔직히 공개하면 조직 안에서 강점 교환이 유연해져 최고의 팀으로 거듭날 수 있다.

05 나를 위해서가 아니라
당신을 위해서

남을 빛나게 해야 자신도 빛난다

이 책의 목적은 자신의 몸속에서 잠자고 있는 잠재 능력을
강점으로 키워서 현실생활에서 적극적으로 활용하는 데 있
다. 그리고 앞에서 설명한 바와 같이 우리가 지향해야 할 방
향은 자신을 위해서뿐만 아니라 타인을 위해서 강점을 사용
하는 것이다.

나는 이런 가치관을 미국 갤럽이 진행하는 스트렝스 코치
과정에서 배웠다.〈도표 8〉 여기까지 읽은 독자들은 강점은 타인
을 위해 사용해야 하고, 설령 특별한 강점을 지녔다 해도 혼

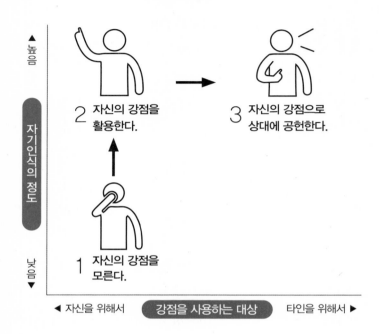

<도표 8> '강점' 사용처의 변화

높음 ▲

자기인식의 정도

2 자신의 강점을 활용한다.

3 자신의 강점으로 상대에 공헌한다.

1 자신의 강점을 모른다.

낮음 ▼

◀ 자신을 위해서   강점을 사용하는 대상   타인을 위해서 ▶

자서는 아무것도 이룰 수 없다는 생각에 공감대가 형성되었으리라 믿는다. 다시 정리해서 생각해보자.

'나는 어떤 사람일까?', '어떤 재능이 있을까?' 같은 생각을 할 때는 보통 자기 자신에 초점을 맞춘다. 이렇게 자기인식을 추구하는 시간은 온전히 '자신을 위해서'라는 상태이다.

자신의 내면이나 타인에게 비치는 자신에 집중하는 것 자체는 분명 중요한 일이지만, 계속 이런 상태를 답습하면 성장이 둔화된다. 점차 성장곡선이 완만해지고 40대가 넘어가면서 하락으로 이어져서 되돌리기 어려운 상황이 된다.

자신을 계속 성장시키려면 자기의 강점을 '타인을 위해서'라는 관점으로 전환해야 한다. 즉, 자신의 강점을 자신을 위해서가 아니라 타인을 위해서 사용하는 것이다.

나는 고등학교 때 동아리 활동으로 3년 동안, 그리고 사회인 팀에서 5년 동안 도합 8년간 축구를 했다. 그동안 나는 축구라는 운동을 통해 나의 특성과 역할을 배웠다.

나의 포지션은 수비수로, 미드필더 뒤에서 플레이하면서 골키퍼를 보조하여 상대팀이 골을 넣는 걸 막는 역할이다. 수비수들은 보통 중앙선 뒤에 남아 있는데, 이는 아무리 노력을 해도 속도가 생명인 미드필더나 강인한 체력이 필요한 공격수는 현실적으로 불가능하기 때문이다. 그래서 11명의 선수 중에 제일 한적한 포지션에서 팀을 위해 헌신하는데, 그럼에도 나는 동료들과 함께 여러 차례 팀이 승리하는 즐거움을 맛봤다.

고등학교 시절 감독님은 '남을 빛나게 해야 자신이 빛난다'고 가르쳐주셨다. 이 원칙은 어쩌면 사회생활에도 그대로 적용되지 않을까?

누군가는 사람에게 주어진 시간은 한계가 있기 때문에 자신에게 집중하는 것이 더 효율적이라고 말할지도 모른다. 하지만 사람은 '자신을 위해서'만으로는 계속 힘을 낼 수 없는 생물이다. 자기만의 공적을 위해 몇십 년이고 노력하고 재능과 기술을 갈고닦는 것은 웬만한 독불장군이 아니고서는 계속하기 힘들다.

타인을 위해 공헌할 수 있다면

누군가를 위한 행동은 자신의 무대를 한 단계 더 끌어올리는 행위이기도 하다. 왜냐하면 남들의 관점으로 생각하면 시야가 넓어지고 풍경이 바뀐다. 보이지 않았던 것도 보이게 되고, 그 변화로 인해 멈추지 않고 계속 성장할 수 있다.

사람은 의외로 싫증을 잘 내는 동물이다. 그렇기에 오직 자신만을 바라보고 자신의 성공만을 위해 살아가는 것은 정말로 독불장군으로 살아가는 심심한 삶이 아닐 수 없다.

사실 '타인을 위해서'라는 정신으로 남을 빛나게 할 수 있는 것만큼 나 자신이 기쁜 일도 없다. 누군가를 위해 공헌할 수 있다는 기쁨과 그 과정에서 생기는 변화로 인한 자극은 자신의 강점 사용처를 확대할 뿐만 아니라 성장의 폭을 한층 더 확장시켜준다.

앞에서 말한 축구팀 안에서의 강점 교환은 바로 이런 맥락에서 하는 말이다. 리더를 포함한 팀원 전원이 '타인을 위해서' 강점을 발휘할 수 있다면 팀 전체의 퍼포먼스가 오르게 되고, 무엇보다 인간관계에 강한 유대감이 생긴다.

그런 의미에서 이제부터는 레벨을 좀 더 높여서 '강점을 활용한 타인에 대한 공헌'에 대해 이야기하겠다. 공헌이라고 하면 뭔가 거창하다는 느낌이 드는 사람도 있겠지만 사실은 그리 어렵지 않은 문제이다.

남의 말을 다소곳이 경청해주는 강점을 이용해서 친구의 고민거리를 들어주는 것도 일종의 공헌이다. 동료의 프로젝트가 성공하도록 돕는 것도 공헌이고, 가게 주인에게 '이해하기 쉽게 설명해줘서 선택하는 데 큰 도움이 됐어요'라고 말하는 것도 타인에 대한 공헌임에 틀림없다.

일단은 일상생활에서부터 시도해보는 게 좋겠다. 연습 삼아 해보기에는 집이 가장 좋을지도 모르겠다. 가족의 건강을 위해 몸에 좋은 식사를 제공하는 일이나 '고마워요', '미안해요'라고 감정을 분명하게 전달하는 일, 고민이나 불안에 귀를 기울이는 일 등 가족을 위해 할 수 있는 일은 아주 많다.

무엇이 더 멋진 인생인가?

나는 원래 나 자신만 아는 '자신을 위해서'에 최적화된 사람이었다. 젊은 시절에는 나의 능력을 높이는 일 이외에는 그 어떤 것도 안중에 없었다. 하지만 자기인식의 정확도를 높이면서 서서히 '나의 강점으로 사람들에게 어떤 공헌을 할 수 있을까?' 하고 고민하게 되었다.

'자신을 위해서'에서 '타인을 위해서'로 관점이 바뀌면서 자연스럽게 남들에게 감사하는 마음이 늘었다. 업무에서 성과를 냈을 때 예전 같으면 '이게 나의 원래 실력이야!' 하고 자만했겠지만 지금은 '팀원들 덕분이에요', '팀 전체의 성과입니다'라는 생각을 하게 되었다.

'타인을 위해서'라는 마음이 선행되면 팀원을 대하는 방식도 바뀐다. 평소 같으면 '팀의 전략에 따르기 바랍니다'라고 명령했을 텐데 '팀 전략을 최대화하기 위해 여러분이라면 어떻게 하겠습니까?'라며 일단 팀원들의 의향을 묻게 되었다.

팀원들이 희망하는 대로 100% 다 들어주지는 못해도 스스로 하고 싶다는 생각이 들게 해주는 부분이 30%만이라도 생기면 최소한 그만큼은 주체적인 태도로 업무를 수행하지 않을까?

'팀원들이 즐겁게 일하기를 바란다', '어려움이 있어도 보람을 느끼며 일하기를 바란다'는 것이 나의 솔직한 바람이다. 명령으로 어쩔 수 없이 시작된 일은 '1+1=2'가 최대치인 반면에 즐거움이나 보람을 느낄 수 있는 일은 '1+1'이 3이 되기도, 4가 되기도 한다.

이처럼 '타인을 위해서'라는 정신으로 일을 하면 결과적으로 성과도 올리고 기쁨도 맛볼 수 있다. 이런 경험이 쌓이면 '자신을 위해서'를 뛰어넘어 다음 무대로 진일보할 수 있다.

'타인을 위해서'가 뭔가 이해타산을 생각한 전략처럼 느껴지는 사람도 있을지 모르겠다. 하지만 꾸준히 실천하다 보면 자신의 삶의 방식이 점차 변해가는 걸 느낄 수 있을 것이다.

내가 좋아하는 영화인 〈스타워즈〉의 세계관으로 해석하자면 세상에는 두 종류의 인간이 있다. 하나는 자기중심적인 인간, 즉 다크 사이드Dark-side의 인간이다. 다른 하나는 자애심이 깊고 타인에게 초점을 맞추는 인간, 즉 라이트 사이드Light-side의 인간이다.

아무래도 자신만 생각하지 않고 남들을 도울 줄 아는 라이트 사이드에서 사는 것이 더 행복할 것이다. 타인을 위해 사는 삶을 통해 얻는 기쁨은 다른 경험으로는 느끼기 힘든 행복감을 준다. 따라서 팀원들이 스스로 생각해서 행동하기를 바란다면 리더 자신이 라이트 사이드로 가야 한다. 자신의 강점을 누군가를 위해 사용하면 훨씬 더 멋진 인생을 살 수 있음을 명심하자.

🔑 **KEY POINT**

타인의 관점으로 세상을 보면 시야가 넓어지고, 그로 인해 자신의 성장을 계속할 수 있다. 남을 빛나게 하면 나 역시 빛이 난다는 사실을 기억하라.

06 프라이버시까지 공유하는 동료가 되어라

무엇이 비생산적인 조직을 만드나?

나는 미국, 캐나다, 네덜란드, 독일, 프랑스, 호주, 영국, 이스라엘, 중국, 대만, 한국 등 다양한 국적의 사람들과 함께 일해왔다. 그리고 그들이 어떻게 '타인과의 신뢰 관계 구축'에 시간을 할애하는지를 직접 체험했다.

그들은 집으로 저녁식사 초대를 한다거나 가족끼리 바비큐 파티를 기획하거나 함께 여행을 가는 등 회사 밖에서도 동료를 만날 기회를 빈번하게 만들었다.

보통 글로벌 기업을 두고 인간관계가 메말랐다고 느끼는 사람들이 많다. 분명 업무 생산성은 높을지 몰라도 인간관계에 있어서는 생산성이나 효율과는 한참 동떨어져 있다는 인상을 받는다. 인간미라곤 털끝만큼도 없는 로봇 같은 사람들의 조직이랄까?

글로벌 기업은 일본 기업에 비해 실력 있고 믿을 만한 인재를 곁에 두는 일에 높은 가치를 부여한다. 아무래도 단기간 성과를 내기 위해서는 신뢰할 수 있는 사람들로 팀을 구성해야 하기 때문에 그러한 기업 문화를 추구하는 것으로 파악된다.

어디까지나 내 느낌이지만, 상대를 위해 보내는 시간과 두 사람 사이의 신뢰관계는 비례한다. 함께 차를 마시고 가족 이야기를 하며 휴일에 만나는 등 서로에게 시간을 투자한 만큼 관계가 깊어진다는 얘기다. 그것은 이런 식으로 비생산적인 활동이 없이는 진정한 의미의 신뢰관계를 쌓을 수 없다는 뜻일지도 모른다.

한편 일본 기업의 일하는 방식은 혁신이라는 미명하에 생산성을 높이는 체제를 확대해가고 있다. 물론 업무 생산성 향상도 중요하지만 업무의 퀄리티를 높이는 기본 바탕인 인간관계는 비생산적인 활동으로 쌓을 수 있는 것이기에 문제다.

다소 뜻밖이라고 생각할지 모르지만, 일본 기업이 목표하는 생산성 높은 해외 기업에서는 일본에서는 꺼려하는 술자리 회식은 물론이고 동료와 휴일을 함께 즐기는 일도 매우 중요하게 생각한다. 이러한 문화는 대화형 리더를 실천하기 위해서라도 상사나 동료와의 가벼운 커뮤니케이션이 필요불가결하다는 뜻임을 반영한다.

이따금 한 회사에 다니는 다양한 국적의 사람들이 동반해서 여행을 다니는 모습을 볼 때가 있다. 나는 그 모습을 볼 때마다 저런 동료애가 사라진 일본 기업의 삭막한 인간관계를 떠올리곤 한다.

성적지상주의가 낳은 부작용이랄까? 한때는 동양적 가치로 평가받던 '여럿이 함께'라는 문화가 사라진 현장에는 기업 실적도, 회사 이미지도 함께 추락한 황량한 모습만 무성하다.

커피타임으로 시작하는 월요일 오전 미팅

내가 이끄는 팀에서는 월요일마다 정례 미팅을 실시하는데 시작부터 '그럼, 오늘 안건은……'이라며 본론에 들어가지 않는다. 커피타임이라 해서 '주말에 뭐 했어요?' 같은 가벼운 대화가 먼저다. 이런 커뮤니케이션을 통해 팀원의 개성과 특징을 알 수 있고, 사생활의 일면을 알아 두면 신뢰 관계를 구축하는 데 큰 도움이 된다.

이렇게 각자 자유롭게 자신의 프라이버시에 관한 일을 몇 마디 나누다가 업무적인 문제로 들어가면 대화가 의외로 술술 이어져서 이것이 업무의 성취도와 연결된다.

나는 팀원들을 회사 구성원으로 취급하지 않고 한 사람의 인간으로 바라본다. 동료니까 친하게 지내야 한다는 게 아니라 직업이나 포지션을 뛰어넘어 '인간 ○○씨'로 관계를 갖고 싶다. 결론적으로 말하면, 회사를 그만둬도 인간관계를 이어 갈 수 있기를 바란다. 언젠가 나의 지인은 이렇게 말했다,

"휴일에 거리에서 우연히 회사 동료를 발견했을 때, 조금 거리가 있어도 거리낌 없이 가까이 달려와서 인사를 건네는 사람이 되어야 해."

직장 밖에서 만나면 아는 척도 하지 않는 것은 회사에서는 지위나 입장 때문에 어쩔 수 없이 관계를 맺고 있다는 의미가 된다. '휴일까지 회사 사람을 만나고 싶지 않다'고 말하는 사람도 있겠지만, 이상적인 조직이라면 휴일에 우연히 만나

도 서먹한 분위기가 연출되지 않을 것이다.

오늘날 기업들이 해결해야 할 과제의 하나는 직장 내의 빈약한 커뮤니케이션이다. '1대 1 면담'을 해도 좀처럼 대화가 이어지지 않고, 서로가 무슨 말을 해야 좋을지 막연하기만 하다.

평소부터 자유로운 분위기 속에서 잡담을 하거나 공통 주제로 이야기를 나누는 분위기가 아닌데 '1대 1 면담'을 한다고 제대로 작동할 리가 없다. 그렇게 된다면 팀원과의 신뢰관계 없이 제대로 돌아가는 업무가 가능할까? 신뢰관계는 모든 일의 토대인데, 그런 관계를 등한시하는 것은 너무 위험한 발상이다.

 KEY POINT

나는 회사에서 팀원들과 지위를 초월하여 인간적으로 친밀해지고 싶다. 회사를 그만둬도 인간적인 관계를 지속할 수 있는, 그런 조직을 만들고 싶다.

07 나만의 강점으로 타인에게 공헌하라

나의 강점을 나누어주는 시간

여기서는 자신의 강점으로 남들에게 공헌하는 방법을 알아보겠다. 자신의 강점을 어떤 식으로 발휘해야 주위 사람들의 문제를 해결할 수 있을까? 자신의 강점을 어떤 상황에서 발휘해야 곁에 있는 사람을 웃게 만들고, 더 많은 결과치를 낼 수 있도록 도울 수 있을까?

내가 가진 강점 중에는 '다양한 일에 의문을 갖는 것'이 있다. 이를 호기심이라고 달리 말할 수도 있는데, 눈앞에서 벌어지는 일을 그대로 받아들이거나 지나쳐버리지 않고 '왜 그렇지?' 하고 의문을 품는다.

지금 다니는 직장의 팀원 중에는 이런 특성을 가진 사람이 거의 없다. 그래서 나의 강점을 무기 삼아 적극 활용하고 있다.

"지금 우리가 벌이는 프로젝트를 원만히 마치려면 ○○가 과제인데, 왜 그럴까요?"

"그 과제를 해결하려면 어떤 방법이 있을까요?"

이런 식으로 팀원들에게 질문함으로써 업무 방향을 잡아나간다. 이 또한 나의 강점을 살려 타인을 위하는 공헌이 된다. 머릿속 생각을 입으로 말해야 비로소 논의가 시작되기 때문에 이럴 때는 마치 나의 강점을 나누어 주는 느낌이 든다.

나는 매일 아침 스타벅스에 가는데 주문을 기다리는 동안 직원에게 '잘 지내요?', '주말은 잘 보냈어요?' 하고 잡담을 건넨다. 친절하게 대해주는 직원에게는 '서비스가 아주 좋네요'라며 거리낌 없이 느낀 바를 전한다. 이제는 직원들 모두의 얼굴도 익혔고 나름 익숙해져서 가벼운 대화로도 따뜻한 정이 느껴진다.

이렇게 매일 이야기를 건네다 보니 이제는 주문한 음료 컵에 'Thank you', '항상 감사합니다', '좋은 하루 되세요' 같이 소소한 메모를 적어주는 직원도 생겼는데 하루를 기분 좋게 시작할 수 있는 원동력이 된다.

그 가게가 서비스 1등에 선발된 이유

아마도 매번 직원들에게 관심을 보이며 질문을 하기 때문에 어느새 나에게 흥미를 보이는 내용으로 바뀐 것도 있었다. 메모 중에는 '저 5월에 결혼해요'라는 여직원도 있었다. 이처럼 직원과 고객이라는 관계를 뛰어넘어 '○○씨와 세토'라는 사람 사이의 친밀감이 구축되었다고 생각한다.

평소 친하게 지내는 직원에게는 '컵에 써준 메모를 보고 항상 힘을 얻어요. 음료를 사러 온다기보다는 대화를 즐기러 오는 것 같아요'라고 말해주었다. 만약 내 말에 일하는 보람을 느꼈다면 이 또한 나만의 강점으로 타인에게 공헌하는 일이 될 것이다. 사람들에게 에너지를 전파하는 나의 강점이 발휘되었으니 말이다.

고객과의 커뮤니케이션에서 즐거움을 느끼고 서비스에 적극적인 직원이 많아지면 그 점포의 분위기도 바뀐다. '고객과저 정도로 대화를 즐기다니, 보기 좋네!' 하고 다른 직원들도 자극을 받아 따라 할지 모르기 때문이다.

참고로 내가 다니는 곳은 스타벅스 본사에서 시행한 서비스 경쟁대회에서 전국 약 1,500점포 중 1등을 했다고 한다. 일본 최고가 된 팀에는 나의 컵에 메모를 해준 팀원이 3명이나 포함되어 있었다.

내가 한 직원에게 친밀감을 표시하니 그도 나에게 극히 개인적인 사생활의 일면을 보여주었다. 그만큼 친해졌다는 뜻이다. 나중에 들으니, 이런 광경을 보고 있던 다른 직원이 다른 고객에게 친절하게 서비스를 해서 고맙다는 인사를 받았다고 한다. 이렇게 자기표현은 연쇄적으로 일어난다.

직장에서도 마찬가지이다. 한 지인의 회사에 몹시 수다스러운 남자직원이 입사했다고 한다. 그는 월요일 아침이면 반드시 모두에게 '주말 어땠어요?', '저는 영화를 보았답니다' 하고 이런저런 말을 건넸다고 한다.

이를 계기로 월요일 아침이면 모두가 10분 정도 실없는 얘기를 나누는 습관이 생겼다고 한다.

이렇게 몇 개월이 지나자 팀에 변화가 생기기 시작했다. 그

팀은 업무 역할이 명확해서 구성원들 각자가 다른 업무를 했는데, 새로운 업무가 배정되면 '이 일은 ○○씨가 잘할 것 같네요'라고 누군가를 지목하거나 '이 분야라면 □□씨에게 물어보면 됩니다'라고 제안하는 분위기가 자리 잡았다고 한다.

즉, 하찮고 시시할 수도 있는 수다를 통해 자연스럽게 동료 간의 강점을 파악할 수 있었고, 업무를 수행할 때 누구의 어떤 강점을 어디에 발휘하면 효과적일지 서로 제안할 수 있게 되었다.

월요일 10분의 대화가 업무와 관련이 있는 내용은 아니지만 각자의 취미나 기호, 추억, 의견 등을 이야기 나누면서 개개인의 특징과 강점이 자연스럽게 공유된 것으로 보인다.

수다쟁이 한 사람이 새로 들어와서 구성원 전체에게 큰 영향을 미친 셈이다. 그렇다는 것은, 다음엔 다른 성향을 가진 직원이 들어와서 또 어떤 변화를 이끌어낼지 모를 일이다.

가족으로부터 시작하라

개인적인 일이라 다소 쑥스럽지만 나의 아내 이야기를 해볼까 한다. 어느 날, 아내가 나에게 이런 말을 꺼냈다.

"우리 가족이 서로 어떻게 애정 표현을 하는지 말로 한번 해볼까요?"

애정을 표현하는 방법은 사람마다 달라서 자신은 분명히 표현한다고 했는데 상대가 모르는 경우도 있다. 그래서 그 차이를 인정하고 서로 더 잘 알기 위해서 애정 표현 방식에 대해 이야기해보자는 것이었다.

우리는 미국 작가 게리 채프먼Gary Chapman 박사의《다섯 가지 사랑의 언어The 5 Love languages》라는 책을 참고했다. 가족 간의 사랑의 언어에는 '칭찬의 말', '가족과 함께하는 시간', '상대를 생각한 선물', '상대가 바라는 행동', '물리적인 접촉' 등 다섯 가지가 있다.

우리 부부는 이를 기준으로 평소 가족에게 언제 어떻게 애정을 표시하는지 생각해봤다. 아이는 아직 언어로 애정 표현이 어려워서 함께 게임을 하거나 공놀이를 하면서 나름대로 표현을 하고 있다. 이는 '가족과 함께하는 시간'에 해당한다.

아내는 정보 처리와 계획 세우기가 특기인데, 이 강점을 살려 가족이 보다 즐겁고 안전하게 주말을 보낼 수 있도록 다양한 계획을 제안한다. 이는 '상대를 생각한 선물', 또는 '상대가 바라는 행동'에 해당한다고 하겠다.

이렇게 '나는 이런 식으로 애정을 표현해요'라는 주제로 아내와 정보를 공유한 시간은 아주 의미가 있었다. 구체적인 애정 표현이 결국 자신의 강점으로 가족에 공헌하는 일임을 깨달았던 것이다.

반복해서 말하지만 자신의 강점을 사용해서 타인에게 공헌할 수 있는 가장 손쉬운 대상은 바로 '가족'이다. 우리가 가장 소홀히 하는 것이 가족에 대한 사랑의 말이나 고맙다는 인사인데 오늘부터 당장 아주 작은 성의를 베풀어보자.

이것이 시작이 되어 회사에 나가 직원들에게 감사와 칭찬의 말을 나누고, 사회생활을 하면서 만나는 사람들에게도 골고루 나눠준다면 어느새 당신을 둘러싼 세상은 참으로 많은 변화가 일어날 것이다.

가정은 있는 그대로의 자신을 표현할 수 있는 유일한 공간이라는 말이 있다. 조금의 가식도 없이 내가 가진 강점으로 타인에게 공헌하는 첫 번째 장소이며, 그렇게 해서 시작된 행복을 세상에 나가 다른 사람들에게 나눠주는 출발점이기도 하다. 문제는 실천이다. 아주 작은 것부터 실행하자. 칭찬 한 마디, 감사의 인사, 존경의 마음을 전하자. 이런 습관이 쌓이면 당신의 인생을 놀랍도록 변해갈 것이다.

 KEY POINT

주위 사람들에게 내가 먼저 칭찬과 감사의 말을 전하자. 그들에 대한 애정 표현은 나의 강점으로 그들에게 공헌하는 일이 되어 세상을 밝히는 작은 등불이 된다.

08 자신의 그릇을 채워가는 게 인생이다

하고 싶은 게 하나도 없다고 말하는 사람들

'너 자신을 알라'는 말은 소크라테스Socrates가 남긴 명언이다. 하지만 이성적인 분석만으로는 자신을 충분히 알지 못하므로 자기의 감정도 함께 이해해야 한다.

일반적으로 올바름을 추구하기보다는 욕망에 충실히 반응하며 사는 편이 단연코 즐겁다. 그러니 자신을 돌아보고 소중히 생각해온 가치관이 무엇인지 생각해보자.

'나는 하고 싶은 게 하나도 없다'며 고민을 토로하는 젊은

이들이 많다. 하지만 자신의 욕구나 바람, 소중한 가치관이 무엇인지 몰라도 걱정할 필요가 없다고 생각한다. 혼돈 속에서 자신을 성장시키는 비결은 그렇게 어렵지 않은 일이기 때문이다. 눈앞의 일을 '자신을 위해서'가 아니라 '타인을 위해서'라는 정신으로 최선을 다하면 된다.

내가 주위 사람들을 위해 무슨 일을 할 수 있을까? 이런 관점으로 생각하고 행동하면 어느새 자신의 강점이 또렷이 드러나게 된다. 고민의 시간 끝에 '내가 이런 일은 잘할 수 있겠다!'고 번뜩 떠오르는 생각은 자신의 강점에서 비롯된 아이디어이기 때문이다. 그렇게 타인을 위해 최선을 다하다 보면 자신의 강점을 살릴 수 있는 일, 하고 싶은 일이 무엇인지 깨닫게 된다.

나눠주다 보면 내 그릇이 저절로 채워진다

앞에서 자기인식의 정확도가 높아지니 남과 비교하는 시간이 줄고 감사하는 시간이 늘었다는 아내의 말을 소개했다. 즉, 자기인식을 통해 자신만의 장점을 발견하고 누군가에게 도움을 줄 수 있다는 사실을 깨달으면 자신과 타인을 똑같은 선반에 올려놓고 비교하고 평가하는 일이 점차 줄어든다.

그러다 보면 자신의 단점에 대해 주위 사람들이 도움을 주고 있다는 사실도 알게 된다. 그러면 일상생활 속의 사소한 일에도 감사하는 마음이 샘솟는다. 쓸데없는 자존심을 세우거나 부끄러움에 쭈뼛거리지 않고 순수한 마음으로 부탁하거나 도움을 요청할 수 있게 된다. 결국 '누군가가 나에게 해주는 시간'보다 '누군가에게 내가 해주는 시간'이 많아지는 것이다.

사람마다 마음의 그릇은 크기가 다른 법이다. 비록 작은 그릇을 가졌을지라도 하나하나 나눠주다 보면 저절로 채워지는 것이 인생이라는 생각으로 살아가자.

사람은 누구나 타고난 그릇이 있다는 말이 있다. 우리가 누군가에게 그릇이 크다는 말을 할 때는 그 사람의 배포나 용기가 다른 사람들에 비해 월등할 때 그렇게 평가하는데, 나 같은 사람은 타고난 그릇이 작아서 옹졸하고 편협할 때가 많다.

그럼에도 내가 가진 소소한 강점이라도 누군가에게는 도움을 줄 수 있다는 신념으로 살면 인생이 생각만큼 고달프다는 생각은 들지 않을 것이다. 그렇게 그릇을 차곡차곡 채워나가는 것이 우리의 인생이고 그렇게 살아가는 게 진짜 행복일 것이다.

그렇다. 그런 식으로 내 그릇에 들어 있는 것을 남들에게
나눠주고, 그들로부터 나눠받아 하나하나 채워나가는 게 인
생이다. 인생의 불행은 내 그릇에 있지도 않은 것을 탐내는
것에서 시작되고, 인생의 비극은 남이 나눠주는 작은 것들을
감사히 받지 못하는 데에서 비롯된다. 그렇게 살다 보면 작은
그릇도 점차 커져서 삶이 더 풍성해질 것이다. 이것은 바로
내가 가진 소소한 강점들을 남들에게 나눠준 결과이다.

 KEY POINT

자기인식을 통해 자신의 장점을 발견하고 누군가에게 도움을 줄 수 있다
는 사실을 깨닫게 되면, 자신과 타인을 똑같은 선반에 올려놓고 비교하고
평가하는 일이 점차 줄어든다.

09 잠재 능력을 키우기 위한 사전 준비

실천하기 힘들지만 반드시 해야 할 일

"독자 여러분 어떤가요? 지금까지 살펴본 바와 같이 자신의 강점을 살리는 방법은 아주 간단하죠?"

이렇게 말할 생각은 추호도 없다. 실천하기 힘들다는 것을 누구보다 잘 알고 있기 때문이다. 나도 남들의 말에 귀가 팔랑거리고 남들에게 호감을 얻기 위해서 원하지도, 좋아하지도 않는 일을 우선하기도 한다.

자신도 모르게 강점이 아닌 약점에 눈이 쏠려 잠재 능력을 등한시하는 경우가 나에게도 분명히 있다. 여기서는 이 책의 내용을 정말로 실천하고 싶은 사람을 위해 사전에 준비해야 할 세 가지를 소개하겠다.

첫째, 일단 느긋하게 쉬어라

자신을 정확히 알려면 일단 쉬어야 한다. 육체적으로나 정신적으로 피곤한 상태로는 솔직한 심정으로 자신과 마주하지 못한다. 이 책의 목적은 자신의 강점으로 무엇을 할지 찾기 위함이다.

바쁘게 돌아가는 일상 속에서는 좀처럼 자신의 진짜 모습이 보이지 않는다. 일단 모든 것을 내려놓고 느긋하게 쉬어야 자신과 마주할 엄두도 낼 수 있다. 자신과 마주할 때 스트레스가 쌓인 상태로는 곤란하다

둘째, 돈을 모아라

이건 또 무슨 소리냐고 의아해할지도 모르겠다. 그렇지 않다. 돈은 아주 중요하다. 돈에 궁핍한 사람은, 예를 들어 빚이 많은 사람은 자기 계발이나 성장을 추구할 여유가 없다. 솔직한 의견을 말하거나 뭔가를 반대하는 것도 괜히 눈치가 보이고 옳다고 생각하는 일을 끝까지 밀어붙이는 것도 쉽지 않다.

빚이 많으면 세상의 유혹에서 벗어나기가 어렵다. 나 또한

불안한 경제상황 탓에 몇 번이나 본래 의지와는 다른 선택을 한 적이 있다. 그때마다 매번 모멸감으로 얼룩진 가슴을 안고 울어야 했다. 돈을 모아라. 다소라도 경제적인 여유가 생기면 타협하지 않고 회사를 선택할 수 있다. 일곱 번 이직을 해본 경험에서 우러나는 말이니 믿어도 좋다!

셋째, 가족이나 동료에게 감사하라

하루에 한 번도 좋고, 일주일에 한 번도 상관없다. 감사의 마음을 아주 사소한 일이라도 괜찮으니 구체적인 말로 가족, 동료, 상사, 부하직원에게 전해보자.

'가족이니까 당연해', '열심히 일하는 건 당연해'라는 생각은 잠시 접어두자. 짧아도 구체적인 감사의 말을 들은 상대는 훗날 당신에게 정확한 피드백을 주는 사람이 될 것이다. 즉, 자신의 약점을 보완해줄 사람과의 인연을 넓혀가는 일인 셈이다.

🔑 **KEY POINT**

빚이 많으면 세상의 유혹에서 벗어나기 어렵다. 불안한 경제상황 탓에 본래 의지와 다른 선택을 한 적이 있다면, 그때마다 모멸감으로 얼룩진 가슴으로 울어야 했던 순간을 잊지 마라.

'시작하며'에서도 밝혔듯이 이 책의 목적은 표면적으로는 보이지 않는 재능을 발굴해서 자기만의 강점으로 발전시키고 활용하는 데 있다. 나아가 강점을 자기 인생의 무기로 삼아 자기 뜻대로 원하는 바를 이룰 수 있게 되기를 바란다.

잠재 능력은 아직 자신이 모르고 있을 뿐, 지금까지의 경험을 되돌아보고 남들의 피드백을 통해 얼마든지 발견할 수 있다. 이 두 가지 행위는 3장에서 설명한 대로 지금의 시대가 원하는 '대화형 리더'가 갖추어야 할 덕목이다. 그렇게 되면 매니지먼트를 하는 입장이 아니더라도 남들과 협력해서 하나의 목표를 달성해야 할 때 놀라운 효과를 발휘한다.

'세토 씨는 리더십이 없어요.'

앞에서 부하직원에게 이런 말을 들었다는 일화를 소개했다. 이 이야기를 좀 더 상세하게 해보자면, 그가 말하는 리더십은 리더가 강한 지휘권을 갖고 지시하고 통솔하는 것을 의미했다. 한 마디로 나에게는 리더다운 카리스마가 없다는 얘기였다.

그때 나는 충격을 받고 뭔가 한 마디라도 반론을 하고 싶었지만, 끝까지 참아내고 나만의 '잠재 능력'이 무엇일까 찾아내는 계기로 삼았다. 나는 리더로서 나 자신의 행동을 다시 뒤돌아보면서 가설을 세워보았다.

내가 팀의 리더로서 중시하는 것은 팀원들 각자가 서로의 강점과 약점을 파악해서 강점은 나누고, 약점은 돕는 시스템을 만드는 것이다. 이것이 나의 강점을 활용하는 나름의 리더십이며 팀의 성과를 높일 수 있는 최적의 방법이라고 생각했다.

획일적이지 않고 다양한 생각이 존재하는 것에 자연스러움을 느끼는 나의 성향도 어떤 의미로는 강점이라고 할 수 있다고 믿었다. 이렇게 분석해보니 신기하게도 충격의 감정이 누그러지고 중립적인 입장을 취할 수 있었다.

이를 '메타 인식metacognition'이라고 한다. 메타 인식은 사고 과정 자체에 대해 고찰하는 능력을 말하는데, 한쪽에 치우치지 않는 중립적인 감정을 유지하기 위한 방법으로 심리학에서는 '자신의 인식에 대한 인식'이라고 설명한다.

남들의 부정적 피드백 때문에 감정이 흔들렸다면 자신의 잠재 능력을 무기로 삼을 수 있는 절호의 기회라고 삼으라고 앞에서 말했다. 누군가 당신을 부정한다면 '상대가 나를 거부하는구나' 하고 생각하지 말고 '내 자신 속의 잠재 능력이 당황해서 불쾌한 감정이 생겼다'고 생각하는 관점으로 바꿔보라는 것이다.

그럴 때 잠재 능력을 계발하여 성장시키는 데 집중하고, 자신만의 무기로 삼는 일이 가능하다고 믿어야 한다. 이제부터 자신이 잘하는 방식으로 충분히 당면한 문제를 해결할 수 있고, 누군가에게 도움을 줄 수 있다고 믿자.

더 이상 자신이 하지 못하는 일에 매달려 어떻게든 해보겠다고 안달복달할 필요가 없다. 누군가에게 어떤 능력이 부족하다고 지적을 받았다면, 그 때문에 열 받으며 억지로 실력을 키우려 하지 말라는 것이다.

"그래요? 대신 나한테는 이런 능력이 있어요!"

이렇게 당당히 말할 수 있는 당신이 되기를 바란다. 나는 내가 잘하는 방식으로 누군가를 웃게 만들 때가 가장 행복하다. 나는 평생 이런 모습으로 살아가고 싶다. 당신도 그랬으면 좋겠다. 신나는 인생이란 바로 그런 것이 아닐까?

옮긴이 **신찬**

인제대학교 국어국문학과를 졸업하고, 한림대학교 국제대학원 지역연구학과에서 일본학을 전공하며 일본 가나자와 국립대학 법학연구과 대학원에서 교환학생으로 유학했다. 일본 현지에서 한류를 비롯한 한·일 간의 다양한 비즈니스를 오랫동안 체험하면서 번역의 중요성과 그 매력을 깨닫게 되었다. 현재 일본어 전문 번역가로 활동 중이다. 주요 역서로는 《하루 5분, 뇌력 낭비 없애는 루틴》, 《인생이 술술 풀리는 말습관의 비밀》, 《예민한 게 아니라 섬세한 겁니다》, 《행복한 열등감》, 《오늘도 아이에게 화를 내고야 말았습니다》 등이 있다.

자신을 죽이지 말고 무기로 삼아라

신개정판 1쇄 인쇄일 2022년 05월 10일
신개정판 1쇄 발행일 2022년 05월 17일

지은이	세토 카즈노부
옮긴이	신찬
발행인	이지연
주간	이미숙
책임편집	이정원
책임디자인	권지은 위미경
책임마케팅	이운섭
경영지원	이지연

발행처	㈜홍익출판미디어그룹
출판등록번호	제 2020-000332 호
출판등록	2020년 12월 07일
주소	서울시 마포구 독막로18길 12, 2층(상수동)
대표전화	02-323-0421
팩스	02-337-0569
메일	editor@hongikbooks.com

제작처	갑우문화사

ISBN 979-11-9142-078-4 (03190)

※ 이 책은 《나는 죽을 때까지 나답게 살기로 했다》의 신개정판입니다.